OUC-CRISP 海洋科普研究中心规划研究项目

中小学海洋教育师资培训体系构建研究

刘宗寅　孟显丽　郑秀慧　编著

中国海洋大学出版社

·青岛·

图书在版编目（CIP）数据

中小学海洋教育师资培训体系构建研究 / 刘宗寅，孟显丽，郑秀慧编著. -- 青岛：中国海洋大学出版社，2024. 12. --ISBN 978-7-5670-3979-7

Ⅰ. G633.552

中国国家版本馆 CIP 数据核字第 2024RV3967 号

中小学海洋教育师资培训体系构建研究

ZHONGXIAOXUE HAIYANG JIAOYU SHIZI PEIXUN TIXI GOUJIAN YANJIU

出版发行	中国海洋大学出版社
社　　址	青岛市香港东路 23 号　　**邮政编码**　266071
网　　址	http://pub.ouc.edu.cn
出 版 人	刘文菁
责任编辑	王　慧　　　　　　　　**电　　话**　0532-85901092
电子信箱	huiwang0325@163.com
印　　制	青岛国彩印刷股份有限公司
版　　次	2024 年 12 月第 1 版
印　　次	2024 年 12 月第 1 次印刷
成品尺寸	170 mm × 240 mm
印　　张	9.75
字　　数	157 千
印　　数	1—1000
定　　价	48.00 元
订购电话	0532-82032573（传真）

发现印装质量问题，请致电0532-58700166，由印刷厂负责调换。

前 言

　　随着海洋强国战略的贯彻落实和基础教育改革的不断深入，我国的中小学海洋教育发展迅速，取得了骄人的成绩，但也受到了海洋教育师资队伍整体水平不高等因素的制约。为此，中国海洋大学海洋文化教育研究中心确定了"中小学海洋教育师资培训体系构建研究"课题，并在OUC-CRISP海洋科普研究中心立项，组织课题组探讨中小学海洋教育师资培训体系建设，为中小学海洋教育的健康发展提供师资保障。

　　中小学海洋教育师资主要包括中小学海洋教育教师（含海洋教育专职教师、承担海洋教育任务的学科教师）和海洋研学导师（含海洋教育研学旅行指导师和海洋教育基地、营地研学实践指导教师）。构建强有力的中小学海洋教育师资队伍是高水平实施中小学海洋教育的关键。为此，需要加强中小学海洋教育师资培训工作并促进中小学海洋教育师资的专业发展，使中小学海洋教育教师和海洋研学导师深刻认识海洋教育的性质与内涵，全面了解海洋教育的特点和任务，切实把握中小学海洋教育的内容体系，熟练运用中小学海洋教育的方式方法，有效设计和开展海洋教育活动。

　　"中小学海洋教育师资培训体系构建研究"课题的研究工作主要采用文献分析法、调查研究法、实践探究法、讨论分析法等。在总结课题研究成果的基础上，课题组撰写了《中小学海洋教育师资培训体系构建研究》一书。

　　本书包括"导论""优化中小学海洋教育师资培训内容""丰富中小学海

洋教育师资培训方式""提供中小学海洋教育师资培训支持"四部分内容，较为详细地探讨了海洋教育的意义与作用、海洋教育的任务和目标、中小学海洋教育的内容体系与实施途径，以及中小学海洋教育师资培训的重要性与紧迫性、中小学海洋教育师资培训的方式方法与支持机制等。

　　"中小学海洋教育师资培训体系构建研究"课题研究工作的开展和《中小学海洋教育师资培训体系构建研究》一书的撰写，得到了本课题指导专家、中国海洋大学教育系主任、中国海洋大学海洋文化教育研究中心副主任王海涛教授与中国海洋大学期刊社社长杨立敏研究员的悉心指导，中国海洋大学海洋文化教育研究中心和中国海洋大学出版社的大力支持，以及OUC-CRISP海洋科普研究中心的经费资助，在此一并表示衷心的感谢。对于本课题研究和本书中存在的不足之处，望专家、同仁和广大读者批评指正。

刘宗寅　孟显丽　郑秀慧

2024年6月

目 录

导 论

一、何为海洋教育?

海洋是生命的摇篮、风雨的故乡、资源的宝库、交通的要道。人类自诞生之日起就与海洋结下了不解之缘,海洋成为人类生存与发展的重要基础与广阔空间。人类对海洋的感受、认识、利用和保护,影响着地球环境变化与人类文明进步。

人类开发利用海洋,自然离不开教育活动,所谓的海洋教育也就应运而生,只是在各个历史时期表现的形式和注重的内容不一而已。以航海为例,我国明朝郑和七下西洋,葡萄牙、西班牙、荷兰以及英国等国家开展大航海、进行地理大发现时,都组织过一定规模的、关于海上探险的培训,这实际上就是以航海为主要内容的海洋教育。不过,到现代随着人类海洋意识的增强和海洋科技的进步,海洋教育才兴起和发展起来,真正从人海关系层面较为系统地开展起来。

1966年10月,美国创立了海洋补助金计划(Sea Grant Program),资助沿海与大湖区解决海洋科学技术、海洋事务和海洋资源利用方面的问题;资助海洋教育的开展、海洋教育课程的设置、专题讨论会的举办、海洋教育论文集的出版发行、海洋教育公共信息的报道等,以造就一代富有海洋知识的公民，使人们能科学、合理地使用和保护海洋资源；对海洋教育咨询服务提供资金支持，将有关海洋的信息、研究成果等及时地传递给广大海洋资源利用者。这项计划在国际上产生了重要影响。

1994年，《联合国海洋法公约》生效，国际社会进一步认识到海洋是全球经济发展的新增长点，但同时海洋环境必须得到保护，海洋开发利用必须科学地进行，为此应加强对公民的海洋教育。同年召开的第49届联合国大会，要求各国广泛开展海洋宣传教育活动，重点内容为海洋综合管理、海洋资源的开发利用和海洋环境保护，从此全球范围内面向全体公民的海洋教育逐渐兴起。目前，"国际太平洋海洋教育联盟""欧洲海洋教育者协会""亚洲海洋教育者协会"等国际组织在组织各种海洋教育活动。

1996年，我国政府发布《中国海洋21世纪议程》。其中，第八章第59条规定"通过新闻媒介公开报道海洋环境保护执法中重大典型案例和海洋环境污染与破坏情况，提高公众的海洋环境意识、可持续发展意识和遵纪守法的自觉性"；第十一章第7条提出"逐步增加海洋教育的投入，加强中、小学生的海洋常识和海洋科学知识的基础教育，加强成人海洋科学普及教育"；第十一章第6条要求"通过各种教育方式和多种媒介宣传，提高全社会尤其是沿海地区公众的海洋意识"。1998年，我国政府发布《中国海洋事业的发展》（被称为"中国海洋事业发展白皮书"），内容涉及包括海洋意识教育、海洋职业教育与成人教育、海洋学科专业教育在内的广义的海洋教育。这两个文件的发布，开启了我国海洋教育的新纪元。党的十八大以来，随着海洋强国战略的贯彻实施，我国的海洋教育蓬勃开展，为海洋强国建设提供了有力的支持。

为了推动海洋教育的广泛开展，越来越多的学者关注、分析、研究海洋教育，并界定海洋教育概念。

"海洋教育"是由"海洋"和"教育"两个词组成的。"海洋"与"教育"两个词的结合使用，最早出现在高等教育的海洋科学教育中，主要是指海洋科学（科技）教育；后来在海洋观教育中使用，如海洋权益意识教育、海洋国土观念教育。随着时代的发展、教育内容的丰富，"海洋"与"教育"两个词的结合使用更为频繁，如海洋资源教育、海洋意识教育、海洋环境教育。

在我国，除台湾地区以外，最早直接使用"海洋教育"一词的是1998年的《面向未来的海洋教育》[①]一文。不过，文中虽然使用了"海洋教育"一词，但主要还是指海洋权益（国土）教育，与现在通常使用的"海洋教育"一词在内涵上仍有较大差异。

2000年以后，随着海洋观教育、海洋意识教育、海洋文化教育及海洋环境教育的研究逐步增多，学者们从不同的角度探讨并提出了"海洋教育"的定义。

黄建钢（2007）在论述国家海洋战略中的教育战略时指出，海洋教育就是对国民进行海洋意识、知识和能力的教育。[②]

马勇等（2010）在研究海洋跨学科教育时，将海洋教育看作海洋跨学科教育的前词，定义为由施教者对人进行的有关海洋自然特性认识、社会价值形成以及由海洋知识（意识）到人的海洋行为等素质要素组成的海洋素质的培养活动。[③]

冯士筰院士等（2011）从教育学原理角度，将海洋教育定义为为增进人对海洋的认识、使人掌握与海洋相关的技能进而影响人的思想品德的一切活动。[④]

申天恩等（2011）在研究海洋高等教育时将海洋教育作为海洋高等教育的前词，认为海洋教育并非传统的海事教育或渔业教育。海洋教育是探讨与海洋相关的人、事、时、地、物所交织而成的教育活动，与乡土教育、环境教育密切相关，其内涵同时包括自然与人文。[⑤]

马勇（2012）认为，广义的海洋教育泛指增进人的海洋文化知识，增强

---

① 胡志刚.面向未来的海洋教育［J］.中学地理教育参考，1998（4）：10-11.

② 黄建钢.论"中国国家海洋战略"：对一个治理未来发展问题的思考［J］.浙江海洋学院学报（人文社科版），2007，24（1）：7.

③ 马勇，朱信号.试论我国海洋跨学科教育及其发展趋向［J］.中国海洋大学学报（社会科学版），2010（2）：48.

④ 冯士筰，江文胜，李凤岐.中国海洋科学教育的发展与展望［C］//李巍然.海洋教育新进展：2011年海洋教育国际研讨会论文集.青岛：中国海洋大学出版社，2013：9.

⑤ 申天恩、勾维民、赵乐天.中国海洋高等教育发展论纲［J］.现代教育科学，2011（6）：48.

人的海洋意识，影响人的海洋道德，改良人的海洋行为的所有活动；狭义的海洋教育仅指学校海洋教育，是指学校教育者有目的、有计划、有组织地对受教育者施以有关海洋自然特性与社会价值认识、海洋专业能力以及由海洋知识（意识）、海洋道德与人的海洋行为等素质要素构成的海洋素养的培养活动。①

唐汉成等（2016）认为，现代海洋教育是在现代国际关系、现代国际海洋法和海洋强国战略的背景下，以跨学科为特征、以现代人及国家与海洋的关系为核心内容的，不仅通过"关于海洋的教育"获得与海洋相关的知识和技能，培养解决问题的能力，还通过"为了海洋的教育"了解人类与海洋各方面的和谐共生关系，以形成科学的海洋价值观，提高人类处理其与海洋相互依存关系的能力的教育活动。②

季托等（2017）认为，从系统思维的视角出发，海洋教育是通过各种教育活动，将海洋"生""和""容"的精神传递给每个人，培养人类高尚的品质。其内涵是海洋精神"生""和""容"三个要素及其相互作用关系的体现，"生"是海洋教育的核心，是其生长的动力，"和"是海洋教育可持续发展的基础，"容"为海洋教育提供信息。③

刘训华（2018）认为，海洋教育是指以人为中心，对海洋内容的传播与接受，涉及海洋知识、技术、文化、资源、意识内容的传播活动。海洋知识的传播，更有助于人类培养良好的海洋认知。④

叶龙（2019）认为，海洋教育是一个比较宽泛的概念，它并不能准确表达当前海洋教育发展或者改革的模式。提高人类处理其与海洋相互依存关系的能力的教育活动——"海洋文化运动"已然成了海洋教育发展与改革的新

① 马勇.何谓海洋教育：人海关系视角的确认［J］.中国海洋大学学报（社会科学版），2012（6）：39.

② 唐汉成，戴建明.区域现代海洋教育的发展历程与价值取向［J］.上海教育科研，2016（3）：79-80.

③ 季托，武波.系统思维视角下海洋教育的内涵与外延［J］.教学研究，2017，40（4）：76-81.

④ 刘训华.论海洋教育研究的学科视域［J］.宁波大学学报（教育科学版），2018，40（6）：2-3.

模式，并走向了"海洋文化教育"，其内容更加注重基础海洋知识教育，形式更加丰富，教育对象更加广泛。海洋文化教育要求海洋教育从高等教育以及职业教育走向基础教育，并且逐步构建海洋终身教育。[1]

肖圆等（2022）认为，海洋教育是将问题意识、实践意识、多边意识、协作意识、创新意识、未来意识等统一于"知"与"行"的探索和实践中，并注重创造性产出的教育。[2]

我国学者关于海洋教育的定义还有很多。虽然学界至今尚未对海洋教育形成统一的定义，但学者们通过频繁探讨海洋教育的定义达成了一个重要共识，即现代海洋教育已经不是单纯的海洋专业学科教育，而是内涵更丰富、外延更宽广的与海洋相关的教育，"海洋教育"已成为一个与"陆地教育"相对等的概念。

从教育目的和深入程度来看，海洋教育可分为普及性海洋教育（海洋通识教育）与专业性海洋教育（海洋专业教育）。从受教育对象和教育方式来看，海洋教育可分为学校海洋教育与社会海洋教育。其中，学校海洋教育是教师主体对在校学生主导和实施的海洋教育，主要指大、中、小学开展的海洋教育，大学开展的海洋教育主要有面向全体大学生的海洋通识教育和面向海洋专业学生的海洋学科专业教育；社会海洋教育则是指政府、企业、媒体等社会主体针对社会公众组织的海洋教育活动。

海洋教育是随着人类认识海洋、开发海洋及海洋对人类的影响而发展变化的，海洋教育的概念体现着这种变化。海洋教育概念不仅要体现人类对海洋的认识、开发利用，也要体现人类对海洋的尊重、保护，以及共荣共存、和谐相处。

综合来看，海洋教育是一种引导受教育者强化对海洋对于人类生存与发展重要意义的认识，掌握研究、开发、利用、保护海洋的知识和技能，提高分析、解决与海洋有关的问题的能力，形成关于海洋的正确价值观念和行为

[1] 叶龙.全球海洋教育的发展新路径与趋势：走向海洋文化教育［J］.现代教育科学，2019（8）：1-2.

[2] 肖圆，郭新丽，宁波.海洋教育：教育思想与实践的嬗变［J］.海洋开发与管理，2022，39（3）：105.

规范并积极服务于国家发展战略部署的教育活动，其核心内容是正确认识人海关系，实现人类与海洋的和谐共生、可持续发展。

二、为什么要进行海洋教育师资培训？

海洋教育是国家教育事业的重要组成部分，而海洋教育师资队伍则是促进海洋教育事业发展的关键因素。

中小学海洋教育师资队伍由海洋教育教师（包括海洋教育专职教师和承担海洋教育任务的学科教师）以及海洋研学导师（包括海洋研学旅行指导师和海洋教育基地、营地研学实践指导教师）组成。加强海洋教育师资培训，主要是由海洋教育的时代特征和海洋教育发展的现状决定的。

（一）海洋教育的时代特征

一是科学性。海洋教育是一种综合性教育，涉及自然科学教育、人文和社会科学教育、思维科学教育等。其中，海洋的自然科学教育包括认知、探索以及开发利用海洋的科学与技术的知识体系与方法体系的教育，海洋的人文和社会科学教育包括经济学、政治学、法学、伦理学、历史学、社会学、管理学、人类学、民俗学、传播学、军事学等方面的教育，而海洋的思维科学教育等则渗透于海洋的自然科学教育与海洋的人文和社会科学教育之中。对于中小学教育来说，海洋教育遍布于各类课程，实施的是涉及物理环境、海洋资源、海洋经济、海洋科技、海洋文学与艺术、海洋权益、海洋治理等全方位的海洋教育。海洋教育需要将科学的知识体系作为增强海洋意识、发展海洋素养的有效载体和重要基础，需要坚持理论联系实际，以科学思想、科学理论、科学方法为指导开展教育活动，充分体现出海洋教育的科学性。

二是教育性。海洋是一个复杂的综合体，蕴藏着丰富的海洋自然科学知识、海洋社会科学知识和海洋人文科学知识，有利于学生构建完善的认知结构。人类在与海洋互动的过程中形成的海洋思维比陆地思维更具有"开放包容、互动交换、协同合作、勇于创新"等特征，是一种顺应新时代发展需要的思维，有利于发展学生的科学思维与提升学生解决问题的能力。源远流长的海洋文化、内涵深刻的海洋精神具有强大的影响力和感染力，能够熏染学生的情感，培养学生的品格，增强学生全面发展的意识，引导学生树立正确的价值观，进而全面培养与发展学生的核心素养。因而，海洋教育具有很强的教育性。党的十八大以来，我国广泛开展普及型海洋教育，有力地增强了国民尤其是大中小学生的海洋意识，充分体现出海洋教育的教育性。

三是战略性。海洋教育所形成的海洋观念具有很强的战略意义。2020年，第75届联合国大会批准了"联合国海洋科学促进可持续发展十年"（2021—2030）计划（又称"海洋十年"），期望在未来十年打造一个新的海洋时代，以确保海洋科学为海洋生态系统和社会带来更大的利益。这是一个全球性的海洋发展战略。海洋战略的推进需要海洋教育的支撑。当前，我国正在向中国式现代化的方向迈进，到2035年基本实现社会主义现代化，到21世纪中叶把我国建成富强民主文明和谐美丽的社会主义现代化强国，而建设海洋强国是现阶段的重要战略任务。海洋教育是建设海洋强国的战略基础和重要向导，充分说明海洋教育具有明显的战略性特征。在我国面对百年未有之大变局，构建以国内大循环为主体、国内国际双循环互相促进的新发展格局的过程中，充分发挥海洋教育对于推进陆海统筹、实现经济社会可持续发展的积极作用具有重要的战略意义。

四是实践性。人类对海洋的认识是在海洋实践中形成的，人类开发利用海洋的能力是在海洋实践中提高的，这也就决定了海洋教育是一种实践性很强的教育。对于中小学生来说，海洋知识和技能需要在分析、解决海洋实际问题的过程中得以深化和拓展，海洋意识的增强和海洋素养的发展需要在海洋实践中得以实现。只从书本或课堂上学习海洋知识和技能而不积极参与海洋实践活动，只能是"纸上谈兵"，海洋意识和海洋素养的培养更是无从谈起。海洋教育需要以海洋实践为基础，海洋教育的目的是更好地进行海洋实践，这就是海洋教育的实践性。

五是发展性。海洋教育的发展性主要表现在以下两个方面。一是海洋知识体系的发展性。广袤无边的海洋不仅是一个庞大的自然存在，还映照着人类的精神世界，刺激、滋养着人类的想象力和创造力，是人类信仰产生的重要来源，从而成为人文科学研究的对象；为人类提供丰富的海洋资源和广阔的发展空间，是人类经济活动的场所和政治权力的较量地，从而成为社会科学研究的对象。由此可以看出，海洋知识体系囊括了自然科学、人文科学和社会科学的所有领域，具有广阔的发展空间，随着人类探索海洋步伐的加快，海洋将成为新知识产生的重点领域。二是海洋教育组织方式和实施途径的发展性。在我国，以增强全民海洋意识为核心的现代海洋教育是进入21世纪尤其是国家实施海洋强国战略后才发展起来的，海洋教育的组织形式和实施途径正与时俱进，在不断创新和丰富之中。从以上分析可以看出，海洋教育具有鲜明的发展性。

六是普及性。海洋教育面向的是广大民众，塑造人们的海洋视角，建构人们的海洋认知，引导人们认识到人类与海洋的内在联系与相互作用，关注并参与海洋的开发、利用和保护，推进人类与海洋的和谐共生、可持续发展，体现出海洋教育的普及性。另外，建设海洋强国是全国各族人民共同的历史使命，要做到全国一盘棋，共同推进海洋强国建设，为此沿海地区和内陆地区都要实施海洋教育，实现海洋教育的全覆盖，这也是海洋教育普及性的一种体现。

海洋教育的特点决定了随着海洋研究的不断发展，从事海洋教育的人员的观念需要不断更新，所掌握的知识和技能应当越来越多样化、越来越深化。这就要求建立健全海洋教育师资培训体系，以不断提高师资的专业水平和教育教学质量，促进海洋教育事业健康地发展。

（二）海洋教育发展的现状

从2018年5月北京大学海洋研究院编制并发布的《国民海洋意识发展指数（MAI）研究报告（2017）》来看，2017年我国有近八成的省、自治区、直辖市的海洋意识发展指数（MAI）的得分达到了及格水平。研究人员在2016年调查数据的基础上优化了国民海洋意识的测算方法和评价指标体系，结合线上、线下调查数据对我国31个省、自治区、直辖市的海洋意识发展情况进行了跟踪评估。在参评的31个省（区、市）中，有4个省份得分在70分以上，20个省份得分在60～70，7个省份得分小于60，多数省份处于突破"及格线"后的中间水平，这类省份往往后劲较足，我国国民海洋意识仍有巨大的提升潜力。从海洋意识强弱的区域分布来看，我国海洋意识发展指数总体上仍呈现由沿海到内陆依次递减的趋势。

研究报告还针对国民海洋意识提升工作提出了五点建议：一是总结经

验，丰富海洋意识宣传教育"工具箱"；二是分层突破，为不同梯队制订相应的中长期发展规划；三是协同联动，将海洋意识建设与国家和区域的总体发展相结合；四是精准引导，利用大数据等技术提升海洋意识宣传教育工作的精准度；五是持续监测，及时掌握海洋意识发展态势。

海洋意识发展指数与海洋教育直接相关，其分布情况直接反映了我国海洋教育发展的不平衡，不仅内陆地区，即便沿海地区也需要通过加强海洋教育来提升民众的海洋意识。为此，除了制定并落实有关政策保障海洋教育的有效实施外，通过实施海洋教育师资培训促进各地海洋教育的开展也是十分必要的。

对于中小学来说，专职的海洋教育教师数量不多，承担大量海洋教育任务的是学科兼职教师，而且从有效地开展海洋教育的角度看，也需要通过学科教师以海洋教育与学科教学的融合来推动海洋教育的发展。为此，就需要对中小学学科教师进行海洋教育培训，促进其转变观念，提升实施海洋教育的自觉性和积极性；引导他们掌握海洋教育的任务与目标、内容体系与实施策略，为海洋教育活动的有效开展提供保障。另外，近几年来兴起的海洋研学发展得很快，海洋研学旅行指导师和海洋教育基地、营地研学实践指导教师往往具有丰富的海洋实践或旅游实践经验，但较为欠缺有关的教育理论、方法和实施策略，需要通过培训来提高教育水平，保障海洋研学的有效实施。

三、如何构建海洋教育师资培训体系？

（一）培训和培训体系

1. 培训

培训指的是为了确保员工具备组织当前和未来发展所需要的能力，组织通过采取特定、有效的方法，有计划且系统地对员工进行培养，从而改善或提高员工的知识、技能、综合能力和工作态度等的活动。对于一个企业来说，员工培训一般是指企业实施的具有目的性、计划性、连续性、动态性的有效人力资源管理活动，其目的是立足企业发展的战略目标，运用科学的方法，有针对性地提高员工的综合素质，以适应当前或今后工作的要求，以及通过提升员工专业技能、交流工作经验、改善工作方法等方式来提高员工的工作绩效水平，从而促进整个企业发展目标的实现。

培训是现代人力资源管理的重要组成部分。早在20世纪中期，美国经济学家、诺贝尔经济学奖得主舒尔茨就指出，单纯从自然资源、实物资本和劳动力的角度，不能解释生产力提高的全部原因，作为资本和财富的转换形态的人的知识和能力是社会进步的决定性原因，但是它的取得不是无代价的，它需要通过投资才能形成，组织培训就是这种投资中的一种重要形式。

教师培训是提高师资水平的重要途径。我国《国家中长期教育改革和发展规划纲要（2010—2020年）》明确提出，要"造就一支师德高尚、业务精湛、结构合理、充满活力的高素质专业化教师队伍"，而《教育部关于大力加强中小学教师培训工作的意见》（教师〔2011〕1号）指出，"教师培训是加强教师队伍建设的重要环节，是推进素质教育，促进教育公平，提高教育质量的重要保证"。

教师培训的基本出发点是使教师个体获得专业发展，进而使教师队伍素质得到整体提升。教师专业化发展是指教师作为专业人员，在专业思想、专业知识、专业能力等方面不断发展和完善的过程，参加培训是教师专业发展的一种重要途径。

教师培训本质上是一种改变教师的思想、观念与行为以及使教师学会创造的活动。培训的结果既体现在参训教师的知识结构、教学能力、思想观念等改进的方面，更体现在参训教师在教育教学实践中不断有所创新的方面。参训教师不是学习、接受事先设计好的培训内容，而是借助培训改变、整合、创新自己已有的"前理解"，其途径是"视界融合"。这正如伽达默尔在《真理与方法》一书中所提出的关于作品的两种"视界"那样：一种"视界"是从解释者自身的"成见"出发形成的对作品的预想和前判断，即"个人视界"；另一种"视界"则是将作品置于其中的"历史视界"，即在作品与历史的"对话"中构成的一种现存的连续性，包括不同时期人们对作品所做的一系列阐释。人的"理解"就发生在两个"视界"的融合过程中。①

---

① 刘加霞.教师培训何以产生效果：培训促进教师专业发展的作用机制分析［J］.中小学管理，2014（12）：30-33.

从作用机制来看，教师培训过程是一个教师的不同"视界"对话与融合的过程。参训教师的"历史视界"是不同时期、不同专家学者的一系列阐释。参训教师的"个人视界"是他们拥有的丰富教学经验和自己期望解决的实际问题。教师培训中的"视界融合"包括敞开"前理解"、澄明"事情本身"、建构"新意义"三个阶段。敞开"前理解"是"视界融合"的前提，每个参训教师的"前理解"都具有历史性，甚至会受历史的限制而产生偏见和误解。参训教师只有敞开"前理解"才能看到要研究的"真问题"，发现个人的"成见"与"事情本身"的差异与差距。澄明"事情本身"主要是基于事实与证据，借鉴被实践检验了的前人的经验与创立的理论，明确教育教学的本质与基本要义、学科内容与逻辑结构、学生学习的特点与规律，其过程必须基于事实与证据、前人被实践检验了的观点或理论。建构"新意义"主要指通过教育教学实践与反思，建构关于教育教学的价值观、原理与原则。[①]

教师培训的意义与价值在于使参训教师成为独立思考者、研究者，引导他们学会表达、研究与解决教育教学实践中的问题，不断为自己的职业生涯增添新的光彩。为此，培训组织者要尊重参训教师已有的认知，创设条件强化他们在培训活动中的主体地位，真正落实他们的"深度自我反思与实践"，基于实践场景，以"真问题"为导向，实现参训教师自我和同伴之间的基于证据和实践的不断追问、对话与研究。

教师是学校发展的第一资源。教师培训通过对人力资源的投资为学校获取有价值的智力资源提供保障，是落实学校发展目标的关键举措。

2. 培训体系

培训体系是一个由培训相关的各类要素按照顺序组成，主要目的是保障培训活动有序开展的系统。通常情况下，按照培训流程可以将培训体系划分为培训需求分析、培训计划制订、培训组织实施和培训效果评估四个部分。这四个部分相互联系和协同作用，形成了一个闭环体系，如图0-1所示。

---

① 刘加霞. 教师培训何以产生效果：培训促进教师专业发展的作用机制分析［J］. 中小学管理，2014（12）：30–33.

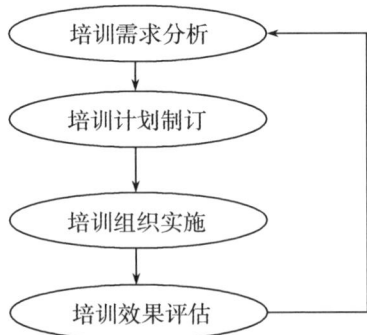

图0-1 培训体系的构成与流程示意图

培训体系构成如下。

（1）培训需求分析。

培训需求分析是培训活动中的基石，也是培训的首要步骤，主要目标是明确培训目的与内容，为培训工作的开展确定方向。

培训需求分析包括以下内容。

组织分析：组织分析的主要任务是诊断、发现组织内部各种组成因素存在的问题，针对问题分析原因，判断即将组织的培训能否有效解决所发现的问题，评估、衡量即将组织的培训的必要性及迫切性。

人员分析：通过了解学员的数量、专业、学历、岗位能力水平、工作态度等基本情况，分析即将组织的培训的可行性，确定培训内容。

岗位分析：明确岗位职责，基于岗位职责分析确定工作任务以及完成任务所需的业务技能、专业知识和其他综合素质，由此确定培训内容。

培训需求分析通常包括三个步骤：首先，全面收集可以真实反映岗位职能的数据资料；然后，依据收集整理的数据资料，制定包含岗位特点、绩效目标、规范要求等的岗位说明书；最后，对照岗位说明书各项要求，分析明确岗位要求具备的个人素质特征。

在培训需求分析方面，目前较为流行的是戈德斯坦三层次模型。该模型将组织需求、人员现状和任务要求三方面整合起来，更加系统、全面和科学，如图0-2所示。

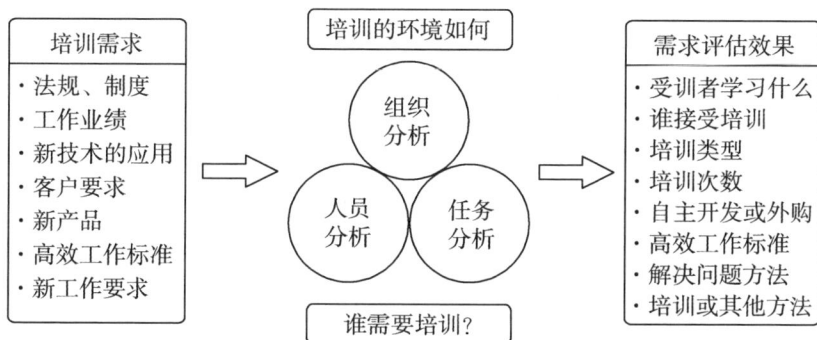

图0-2 戈德斯坦三层次模型示意图

（2）培训计划制订。

一套完整、有效的培训计划主要包括培训对象、培训内容、培训形式、培训层次和培训预算等内容。

培训对象：同时考虑掌握培训内容的能力和实际应用培训所学内容的能力来选择、确定培训对象（即参训人员），并提前做好培训需求调查分析，确定参训人员的实际培训需求。

培训内容：以组织的战略发展为引领，借鉴先进经验和理念，结合组织的人力资源实际情况，根据不同的岗位类别和职务的个性化特点设计培训内容，做到全面、丰富，尽量满足参训人员的个人需求、岗位职责要求以及组织战略发展的需求。

培训形式：培训的实施没有固定模式，可以采用全脱产、半脱产、长期、短期、野外拓展、课堂授课或交流学习等形式。培训形式要立足组织的需要，尽量适应参训人员的实际情况。

培训层次：参训人员的情况存在明显差异，应该根据参训人员的个体情况进行区分，划分成不同层次，形成合理的培训梯队，以使各类参训人员经培训后都能适应并促进组织的发展。

培训预算：根据培训计划提前编制培训经费预算，落实培训活动开始后可能产生的各类经费支出。

（3）培训组织实施。

培训组织实施是达成培训目标的关键环节。为确保培训活动顺利实施，培训过程中需要完成以下任务。

挑选培训导师。培训导师在培训活动中起着至关重要的作用，培训效果的好坏往往取决于培训导师个人水平的高低。优秀的培训导师不仅能精辟地向参训人员讲授理论知识和传授业务技能，还能引导和帮助参训人员进行独立探究学习、提高自主学习的能力。

确定培训教材。培训教材是培训的主要工具。选择培训教材时，要注意教材内容、范围和深度与参训人员自身素质匹配，做到通俗易懂、形象生动，便于参训人员理解和掌握。这样，才能确保培训效果。

选定培训场所。选择合适的培训场所有助于培训顺利实施。选择培训场所时，要根据培训规模和经费预算，综合考虑培训地点的地理环境、场地布置、面积大小等因素，以形成良好的培训氛围。

准备培训设施。培训活动往往要用到各种类型的设备设施，而且不同的培训方式所用培训设施往往不同。为保障培训活动顺利进行，在培训前要准备好所需的设备设施并做好对设备的调试，确保各项设备可以正常运行。

确定培训时间。组织培训要全面考虑时间安排，并明确培训时间节点，如培训何时举办、培训举办多久。

（4）培训效果评估。

培训效果评估主要是对培训活动取得效果进行评价总结，发现存在的问题与不足，以便在今后的培训中有针对性地改进、完善培训过程，努力提升培训效果。

培训效果评估需要基于科学的评估模型。在众多培训评估模型中，国际著名学者、威斯康星大学教授柯克帕特里克于1959年提出的四级培训评估模型（柯氏评估模型）在当前仍被广泛应用。柯氏评估模型从反应层、学习层、行为层和成果层四个层次，针对各个培训阶段提出了"您对于本次培训是否满意""通过本次培训您是否有收获""您在实际工作中是否运用到本次培训学到的知识技能""本次培训有没有给组织带来业绩提升"等层次逐渐提升并真实反映参训人员培训前后变化的问题。其评估层级及内容见表0-1。

表0-1 柯氏评估模型的评估层级及其内容

评估层级	评估内容
反应评估	该评估层级主要通过观察参训人员在参加培训后对课程的最直观感受，如难易程度、可接受程度
学习评估	该评估层级是通过笔试、口试等直接的方式来评估参训人员参加培训的学习效果
行为评估	该评估层级通过跟进参训人员在实际工作中的状态，看其是否有将培训的内容运用到工作中的情况，来判断培训的效果
成果评估	该评估层级通过参训人员绩效改变对组织的经营方面产生的变化，来衡量培训的效果以及收益，为管理层评估培训的价值性提供参考

反应评估：评估参训人员对培训的满意程度。通常在培训课程结束后进行反应评估，向参训人员发放满意度调查问卷，了解参训人员对本次培训的真实评价，包括课程安排情况、培训导师授课情况、后勤保障情况等；及时归纳整理问卷调查结果，发现培训过程中的不足之处，以便改进完善。

学习评估：在培训中和培训后分别组织，评估参训人员对知识的掌握程度；通常采用随堂测试、技能实操、总结报告等形式，并将测试结果与设计培训时确定的目标进行比对，了解参训人员对培训知识的掌握情况，检验培训取得的效果。

行为评估：评估参训人员在今后工作中知识的运用或行为的改进程度。一般安排在培训结束半年后，主要通过问卷调查、行为观察、面谈、绩效评估、能力鉴定等形式，对参训人员接受培训前后产生的个人工作绩效变化进行测评，了解参训人员培训所学知识、技能在实际工作中的应用情况。

成果评估：评估培训带来的组织上的改变效果。一般安排在培训结束后一年，主要是通过评估部门评估本次培训后组织所发生的积极变化。

（二）海洋教育师资培训

海洋教育是长期的事业，而海洋教育师资队伍始终处于海洋教育的前沿。为了提高海洋教育师资队伍的专业素质，必须建立完善的海洋教育师资培训体系，以不断更新海洋教育的理念和方法，提高海洋教育的效果和水平。

海洋教育师资培训体系的构建需要多个要素的配合。针对中小学海洋教育以及海洋教育师资队伍的现状，本研究主要研讨了中小学海洋教育师资培训体系构建的以下四个方面：一是优化中小学海洋教育师资培训内容；二是丰富中小学海洋教育师资培训方式；三是提供中小学海洋教育师资培训支持；四是推进中小学海洋教育师资交流合作。

　　优化培训内容，要根据实际需求和教师的专业发展路径，注重学科知识水平、教学技能和教育研究能力的提升，加强教育伦理和教育心理等方面素养的培养。本章着重研讨了中小学海洋教育师资队伍培训内容中的认识中小学海洋教育的重要意义、明确中小学海洋教育的主要任务与熟悉中小学海洋教育的实施途径。

　　●认识中小学海洋教育的重要意义

　　●明确中小学海洋教育的主要任务

　　●熟悉中小学海洋教育的实施途径

第一节　认识中小学海洋教育的重要意义

中小学海洋教育是在习近平总书记关于建设海洋强国的系列重要论述的指引下，引导中小学生掌握必备的海洋知识、传承与发扬海洋文化、弘扬海洋精神、增强海洋意识，进而培养和发展海洋素养的教育活动；其意义可通过海洋教育与可持续发展、海洋教育与海洋强国建设、海洋教育与立德树人、海洋教育与学科教学、海洋教育与文化建设的关系体现出来。

一、海洋教育与可持续发展

可持续发展是一种建立在社会、经济、人口、资源、环境相互协调与共同发展基础上的发展。

1980年，世界自然保护联盟（IUCN）、联合国环境规划署（UNEP）、世界自然基金会（WWF）共同发表《世界自然资源保护大纲》，指出："必须研究自然的、社会的、生态的、经济的以及利用自然资源过程中的基本关系，以确保全球的可持续发展。"

1987年，世界环境与发展委员会（WCED）发布《我们共同的未来》报告，正式使用了可持续发展概念，并对之做出了比较系统的阐述，指出可持续发展是 "能满足当代人的需要，又不对后代人满足其需要的能力构成危害的发展。它包括两个重要概念：需要的概念，尤其是世界各国人们的基本需要，应将此放在特别优先的地位来考虑；限制的概念，技术状况和社会组织对环境满足眼前和将来需要的能力施加的限制"。

1992年6月，联合国在巴西里约热内卢召开的"环境与发展大会"通过了以可持续发展为核心的《里约环境与发展宣言》《21世纪议程》等文件。

1994年，我国政府发布了《中国21世纪议程——中国21世纪人口、环境与发展白皮书》，首次把可持续发展战略纳入我国经济和社会发展的长远规划。

1997年，党的十五大把可持续发展战略确定为我国"现代化建设中必须实施"的战略。

2002年，党的十六大把"可持续发展能力不断增强"作为全面建设小康社会的目标之一。

2007年，党的十七大报告指出，必须坚持全面协调可持续发展。要按照中国特色社会主义事业总体布局，全面推进经济建设、政治建设、文化建设、社会建设，促进现代化建设各个环节、各个方面相协调，促进生产关系与生产力、上层建筑与经济基础相协调。坚持生产发展、生活富裕、生态良好的文明发展道路，建设资源节约型、环境友好型社会，实现速度和结构质量效益相统一、经济发展与人口资源环境相协调，使人民在良好生态环境中生产生活，实现经济社会永续发展。

2012年，党的十八大报告指出，建设生态文明，是关系人民福祉、关乎民族未来的长远大计。面对资源约束趋紧、环境污染严重、生态系统退化的严峻形势，必须树立尊重自然、顺应自然、保护自然的生态文明理念，把生态文明建设放在突出地位，融入经济建设、政治建设、文化建设、社会建设各方面和全过程，努力建设美丽中国，实现中华民族永续发展。

2017年，党的十九大报告指出，坚持人与自然和谐共生。建设生态文明是中华民族永续发展的千年大计。必须树立和践行绿水青山就是金山银山的理念，坚持节约资源和保护环境的基本国策，像对待生命一样对待生态环境，统筹山水林田湖草系统治理，实行最严格的生态环境保护制度，形成绿色发展方式和生活方式，坚定走生产发展、生活富裕、生态良好的文明发展道路，建设美丽中国，为人民创造良好生产生活环境，为全球生态安全作出贡献。

2022年，党的二十大报告指出，大自然是人类赖以生存发展的基本条件。尊重自然、顺应自然、保护自然，是全面建设社会主义现代化国家的内在要求。必须牢固树立和践行绿水青山就是金山银山的理念，站在人与自然和谐共生的高度谋划发展。我们要推进美丽中国建设，坚持山水林田湖草沙一体化保护和系统治理，统筹产业结构调整、污染治理、生态保护、应对气候变化，协同推进降碳、减污、扩绿、增长，推进生态优先、节约集约、绿色低碳发展。

2021年发布的《中华人民共和国国民经济和社会发展第十四个五年规划和2035年远景目标纲要》指出，坚持绿水青山就是金山银山理念，坚持尊重自然、顺应自然、保护自然，坚持节约优先、保护优先、自然恢复为主，实施可持续发展战略，完善生态文明领域统筹协调机制，构建生态文明体系，推动经济社会发展全面绿色转型，建设美丽中国。

可持续发展是以保护自然资源环境为基础，以激励经济发展为条件，以改善和提高人类生活质量为目标的发展策略，包括经济可持续发展、生态可持续发展、社会可持续发展三方面内容。

可持续发展的内涵体现在发展与持续性两个方面，发展是前提和基础，持续性是关键。

发展：一是发展以经济增长为基础，不断地创造更多的社会物质财富，促进社会的全面进步；二是以全体人民的利益增长为目标，要满足全体人民的基本需求和给所有人机会以满足他们追求美好生活的愿望。

持续性：一是自然资源的存量和环境的承载能力是有限的，它们共同构成经济社会发展的限制条件。人类的经济和社会发展不能超越资源与环境的承载能力，一个国家或地区的发展不应以牺牲其他国家或地区发展能力为代价。二是在经济发展过程中，当代人不仅要考虑自身的利益，还应该重视后代人的利益，即要兼顾各代人的利益，为后代发展留有余地。

可持续发展是发展与持续性的统一，二者相辅相成、互为因果。放弃发展，则无持续性可言；只顾发展而不考虑持续性，则发展行将停止。可持续发展战略以资源的可持续利用和良好生态环境的可持续存在为基础，以经济的可持续发展为前提，以谋求社会的全面进步为目标，保障经济、社会、人口、资源、环境的全面、协调、共同发展，实现近期利益与长远利益的最佳兼顾，是一项经济和社会发展的长期战略。

我们党提出的科学发展观是坚持以人为本，全面、协调、可持续的发展观。以人为本，就是要把人民的利益作为一切工作的出发点和落脚点，不断满足人们的多方面需求和促进人的全面发展；全面，就是要在不断完善社会主义市场经济体制，保持经济持续快速协调健康发展的同时，加快政治文明、精神文明的建设；协调，就是要统筹城乡协调发展、区域协调发展、经济社会协调发展、国内发展和对外开放；可持续，就是要统筹人与自然和谐发展，处理好经济建设和环境保护的关系。

海洋拥有丰富的生物、能源和矿产等资源，是地球上重要的自然资源库，对人类经济社会的发展和生活水平的提升有着重要意义。然而，海洋正面临着严重的威胁：过度捕捞造成海洋生物资源锐减、海洋生态平衡破坏；海洋矿产资源开发不当和发生的事故导致海洋环境污染；陆上污染物不当排放导致海洋环境污染，管理不善、处置不当使海洋成为"垃圾海洋"；不合理的海岸工程等造成海洋环境破坏、危及海洋生态平衡。海洋的变化又间接或直接给人类带来种种危害：海洋酸化危害生态，影响气候，危及人类；海洋升温降低海水中溶解氧含量，导致全球气温上升，造成海平面上升并危及海洋生物的生存；海水富营养化，遮蔽入海阳光，降低生物多样性，导致海水缺氧，危及海岸带生态系统。因此，人类必须采取有力措施，实现人类与海洋和谐共生，促进海洋可持续发展。

促进海洋可持续发展就要积极进行全球海洋治理。

2019年4月23日，国家主席、中央军委主席习近平在青岛集体会见应邀前来参加中国人民解放军海军成立70周年多国海军活动的外方代表团团长时，首次提出了构建海洋命运共同体重要理念。人类命运共同体是政治、安全、经济、文化和生态构成的有机统一体，构建海洋命运共同体理念是构建人类命运共同体理念在海洋领域的细化和深化。构建海洋命运共同体理念所揭示的世界各国在海洋领域内的"共商共治共享"治理观，对促进海洋治理进程中的国家间合作与协调意义重大。海洋命运共同体是对人类共同追求实现人与海洋和谐共生目标愿景的集中表达。构建海洋命运共同体，为全球海洋治理提供了价值引领和根本遵循，对有效应对海洋治理难题具有重大意义。

为了加深对构建海洋命运共同体理念的理解，认识促进海洋可持续发展的重要意义，明确人类与海洋和谐共生的途径和策略，就需要实施公众海洋教育，使包括中小学生在内的公众建立科学的海洋发展观，正确地认识人海关系，站在可持续发展的高度认识和解决海洋问题，创造更加繁荣、美丽和可持续的海洋未来。

二、海洋教育与海洋强国建设

我国是陆海兼备的海洋大国，海洋文明是中华文明的有机组成部分，开发、利用和保护海洋是推进中国式现代化事业发展的重要途径。党的十八大提出"建设海洋强国"，党的十九大要求"坚持陆海统筹，加快建设海洋强国"，党的二十大强调"发展海洋经济，保护海洋生态环境，加快建设海洋强国"，建设海洋强国是我国建设社会主义现代化强国的重大战略任务。

2013年7月30日，习近平总书记在十八届中央政治局第八次集体学习时强调，"要进一步关心海洋、认识海洋、经略海洋，推动我国海洋强国建设不断取得新成就"。2022年4月10日，习近平总书记在考察中国海洋大学三亚海洋研究院时强调，"建设海洋强国是实现中华民族伟大复兴的重大战略任务"。习近平总书记的一系列重要讲话，为我国建设海洋强国、实现中华民族伟大复兴指明了方向，提供了遵循。

建设海洋强国是中国特色社会主义事业的重要组成部分，关系社会主义现代化强国建设和中华民族伟大复兴的历史进程，寄托着中华民族向海图强的时代夙愿，肩负着实现中华民族伟大复兴的重要使命。

建设海洋强国离不开公众（尤其是中小学生）海洋知识的学习、海洋文化的传承与发扬、海洋精神的弘扬、海洋意识的增强，这些都需要通过海洋教育来实现。随着海洋强国建设的深入开展，我国普及性海洋教育（包括中小学海洋教育）如火如荼地开展起来，有力地支持了我国的海洋强国建设。

三、海洋教育与立德树人

党的十八大提出，"把立德树人作为教育的根本任务，培养德智体美全面发展的社会主义建设者和接班人"。党的十九大报告进一步强调，"要全面贯彻党的教育方针，落实立德树人根本任务"。

立德树人，就是以道德教育为中心引导人、教育人、塑造人。"立德"就是要坚持"以德为本"，树人就是要坚持"以人为本"，二者结合在一起，就是要把道德作为人的精神指导，把道德的实质和内容融入人的成长，作为人成长的中心依据，让道德品质和力量发挥作用，把人塑造成德才兼备的有用人才。

立德树人作为教育的根本任务，表明教育及其发展归根到底在于培养有高尚品德的人才。立德树人高度凝练了当代中国发展教育的方向和目标，鲜明地反映了中国共产党在新时代对中华优秀文化传统的继承和发扬，充分揭示了我国教育事业的发展规律。

落实立德树人根本任务，就是要始终坚持社会主义办学方向，全面贯彻党的教育方针，结合新时代的新要求将立德树人融入思想道德教育、文化知识教育、社会实践教育的各个环节，通过素质教育，引导学生把握好人生方向，扣好人生的第一粒扣子；学好文化科学知识，培养必备品格和关键能力，发展学科核心素养；树立健康第一的思想，不断增强体质，培养积极向上的健康心态；舒展家国情怀，提高审美情趣和人文素养；崇尚劳动，尊重劳动，热爱劳动。

中小学海洋教育的任务与立德树人的要求十分吻合，其本身就是一种立德树人的教育；而且，海洋教育可为学校的学科教学提供支撑、搭建平台，在培养学生海洋素养的同时，促进学生学科核心素养的培养与发展，从而助推学校立德树人教育根本任务的落实。

立德树人需要充分发挥实践育人的作用。实践是知识的源泉，是检验真理的唯一标准，也是立德树人的根本途径。实践育人的内涵包括两个方面：一是注重理论的实用性；二是注重教育实践。海洋教育是一种实践性很强的教育，可以作为实践育人的重要平台。

海洋教育的有效开展，有助于推进中小学落实立德树人根本任务。其一，有助于体现学校的责任担当。基于海洋强国建设的海洋教育，有助于中小学生理解海洋强国建设的重大意义和战略部署，激发为建设海洋强国、实现中华民族伟大复兴的学习动机和责任担当，成长为肩负中华民族伟大复兴大任的时代新人。其二，有助于良好的育人环境。海洋强国战略的提出使海洋成为关注的热点，中小学不仅可据此开展丰富多样的相关教育宣传活动，还可以以此为主题元素打造校园蓝色文化景观，使中小学生的海洋强国意识、海洋生态文明意识在"沉浸式"环境中得到持续巩固和提升；即使是内陆地区的学校，也可凭借海洋教育基地、海洋科技文化展览馆等开展实践活动，为学校文化融入海洋文化的灵动，拓展学校育人的广度和深度。

四、海洋教育与学科教学

中小学教育的根本任务是立德树人，学科教学是学校落实立德树人教育根本任务的主渠道。为了提高学科教学的质量，2019年国务院办公厅印发的《关于新时代推进普通高中育人方式改革的指导意见》明确指出，广大教师要"积极探索基于情境、问题导向的互动式、启发式、探究式、体验式等课堂教学，注重加强课题研究、项目设计、研究性学习等跨学科综合性教学，认真开展验证性实验和探究性实验教学"。教育部于2020年5月发布《普通高中课程方案和语文等学科课程标准（2017年版2020年修订）》，于2022年3月发布《义务教育课程方案和课程标准（2022年版）》，将党的教育方针细化为各课程应着力培养的学生核心素养，体现正确价值观、必备品格和关键能力的培养要求；基于核心素养要求，遴选重要观念、主题内容和基础知识技能，精选、设计课程内容，优化组织形式；强调涉及同一主题的不同学科间，根据各自的性质和育人价值，要做好整体规划与分工协调，设立跨学科主题学习活动，加强学科间相互关联，带动课程综合化实施，强化实践要求。以上文件都强调学科教学必须与生活、生产以及科技发展有机结合起来，引导学生在研讨、解决真实问题的过程中，学习、理解知识与技能，树立正确的价值观，培养与发展学科核心素养。要做到这一点，学科教学必须找到适宜、有效的实践载体。

海洋系统是一个复杂的综合体，包括庞大的水体、广袤的海底、海面上空的大气以及海洋周边的海岸，对海洋的研究几乎涉及所有学科，因此海洋作为中小学各个学科"基于情境、问题导向的互动式、启发式、探究式、体验式等课堂教学"的实践载体十分适宜。研究与实践也证明，在学校教育中以项目式教学的方式将学科教学与海洋教育融合起来，既可以有效地实施海洋教育，又能促进学科教学沿着新课程倡导的方向发展，实现海洋教育与学科教学在育人方面的双丰收。

具体来说，以项目式探究活动的方式进行海洋教育与学科教学的融合具有以下意义。

1.有助于学生海洋素养的培养与发展

学科教学是学校教育的主渠道。相较于海洋教育的其他渠道（如开设地方课程和校本课程、组织各种研学活动和各种主题活动），海洋教育与学科教学融合，可以更直接地根据学科知识结构以及学生的认知能力和自身的生活经验，引导学生在依托海洋情境运用学科知识与方法分析、解决真实海洋问题的过程中认识海洋是人类生存与发展的重要基础和空间，在构建海洋认知体系的同时感受、认识利用和保护海洋的重要性，在博采众长、兼容并收、勇立潮头、开拓进取的海洋工作者精神的激励下努力提升发现、提出、分析、解决海洋实际问题的能力，树立探索海洋、研究海洋的科学态度，培养正确的海洋价值观，增强海洋可持续发展意识，从而有效地培养和发展海洋素养。

2. 有助于促进学生的深度学习

深度学习是指在教师的指导下，学生围绕具有挑战性的学习主题，通过积极的探究实践，深刻地掌握学科核心知识，并运用知识解决实际问题的学习。海洋项目主题贴近自然、贴近社会，具有很强的挑战性。学生借助海洋真实情境，可以了解有关知识的来龙去脉和知识在客观世界里的呈现形式，并将概念的实际意义与概念的形成过程有机结合起来，从而使知识的学习在真实问题的解决过程中上升到概念建构有效、研究方法科学和认识路径优化的模型化和理性化层面，进而实现对知识的深层理解并形成"专家思维"，引发知识跨情境的迁移与应用，实现深度学习。

3. 有助于学生学习方式的转变

海洋项目展现的是真实的海洋情境和要解决的真实海洋问题。学生在从海洋情境里发现、提出问题并探索解决问题方法的过程中，会遇到陌生而又复杂的信息。借助这些真实的信息，教师可以设计多样化的项目学习任务，引导学生开展分类与概括、寻找证据与推理、构建模型与解释等具有学科特质的学习活动，并通过小组合作、实验探究、讨论交流、成果展示等多样化的学习方式，解决真实海洋情境下复杂程度不同的问题，培养和发展学科核心素养。不仅如此，教师还可以组织学生走出校门，到图书馆、海洋馆、海上设施、海洋资源开发与利用场所、涉海科研院所等进行参观访问、调查研究，积极开展建构式、探究式和问题解决式的学习活动与社会实践。以上这些活动的开展会有效地促进学生学习方式的转变。

4.有助于学生批判性思维能力和创新性思维能力的培养

通过海洋情境素材生成的项目式探究活动或课堂教学，能够引发学生对海洋探索的热情以及对海洋类社会性议题的关注，促使学生综合调用所学学科知识，多角度、辩证地、批判性地认识和分析面临的真实海洋问题，对所关心的未知事物及所关注的社会性议题做出正确的判断。在这一过程中，学生会增强创新意识，并从实践层面提升批判性思维能力和创新性思维能力。

5.有助于学生学科核心素养的培养与发展

学科核心素养是指学生在面对真实、复杂的问题情境时所表现出来的价值判断、关键能力和必备品格。海洋项目所提供的情境都是真实的、复杂的、具有挑战性的。学生面对这样的情境发现、提出、分析和解决问题时，需要调用原有的认知模型，开展假设、推理、寻找证据的学习活动，并基于证据、推理发现或建立新的模型，然后运用类比思维解决实际问题并进行成果的印证，从而在基于实践、通过实践、为了实践的过程中实现认识水平的不断提升。这样一来，学生就能在整个学习过程中真实而持续地把核心知识学习与身心活动有机结合起来，在创造、体验、感悟中把外在的知识转变为内在的关键能力和必备品格，从而落实学科核心素养的培养和发展任务。

6.有助于学生的跨学科学习

许多海洋教育活动项目，往往可以同时与多个学科的教学结合起来，引导学生进行跨学科的探究性学习，提升学生多角度、全方位综合分析和解决实际问题的能力，促进学生的全面发展。

五、海洋教育与文化建设

文化分为广义文化和狭义文化。广义文化指的是一个国家或民族的历史、地理、风土人情、传统习俗、生活方式、文学艺术、行为规范、思维方式、价值观念等，是人类在社会历史发展过程中所创造的物质财富和精神财富的总和。区别于自然存在的事物，文化是人类活动的成果。作为一种精神力量，文化能够在人们认识世界、改造世界的过程中转化为物质力量，对社会发展产生深刻影响。毛泽东同志在《新民主主义论》中指出："一定的文化（当作观念形态的文化）是一定社会的政治和经济的反映，又给予伟大影响和作用于一定社会的政治和经济；而经济是基础，政治则是经济的集中的表现。"狭义文化又称人文文化，专注于人类的精神创造及其成果，包括文学、艺术、教育、科学等精神财富以及社会制度和组织机构等，它是人类各种意识观念形态的集合，也是人类文化精神不断推进物质文化发展的内在动力。

文化自信是一个民族、一个国家以及一个政党对自身文化价值的充分肯定和积极践行，并对其文化的生命力持有的坚定信心。文化是民族的血脉。文化自信，是更基础、更广泛、更深厚的自信，是更基本、更深沉、更持久的力量。中华优秀传统文化是中华民族的精神命脉，是中华民族的突出优势，是我们的文化自信的重要来源。具有悠久历史的中华优秀传统文化是一笔巨大的精神财富，是中华民族自立于世界民族之林的力量支撑。

文化建设具体是指发展教育、科学、文学艺术、新闻出版、广播电视、图书馆、博物馆等各项文化事业的活动。文化建设的基本任务就是利用当代最新科学技术成就提高人民群众的知识水平，通过落实立德树人根本任务培养担当民族复兴大任的时代新人，运用最能反映时代精神的健康的文学艺术作品和形式生动活泼且群众喜闻乐见的文化活动来陶冶人们的情操、丰富人们的精神生活。文化建设是建设社会主义物质文明、提高人民思想觉悟和道德水平、增强民族文化自信和国家文化软实力的重要举措。

海洋文化是文化的重要组成部分。关于海洋文化，学界目前尚未形成统一的定义。有些学者从广义文化角度认为，海洋文化就是人类与海洋互动关系的产物和结果，囊括人类文化中具有涉海性的部分；也有学者从狭义文化的角度认为，海洋文化是人类社会历史实践活动中受海洋影响所生产的精神财富的总和，包括思想道德、民族精神、教育科技和文化艺术等。例如，吴继陆（2008）认为，从文化解释海洋，就是从文化传统与海洋活动的互动关系出发，解释一个民族或国家海洋活动的方式、特征以及海上活动的兴衰[①]；冯梁（2009）认为，海洋文化具有对海洋的认知功能，通过感性与理性认知之间的循环往复，逐渐理性放大为一个国家和民族对海洋的理性和总体认识，形成民

[①] 吴继陆.论海洋文化研究的内容、定位及视角［J］.宁夏社会科学，2008（4）：129.

族海洋意识①；李国强（2016）认为，中国海洋文化是中国人民基于物质文化和精神文化而创造出来的文明形态，是基于海洋历史、地理、风土人情、传统习俗、生活方式、文学艺术、行为规范、思维方式、价值观念以及海船、航海、海洋科学等诸多要素历经传承的凝练，是中华文化的有机组成部分。②

根据文化学观点，海洋文化体系可分为海洋物质文化、海洋制度文化、海洋观念文化三个子体系。海洋物质文化，主要是人们认识、开发、利用、保护海洋能力和活动的物质体现，包括人类利用海洋自然资源与环境并加入人类技能形成的有形产品，属于可以直观感知的表层次文化。海洋制度文化，主要指人类在开发、利用和保护海洋的历史过程中形成的协调人与海洋之间关系以及人与人之间关系的各种制度，包括与海洋活动相关的禁忌、仪式、风俗、惯例以及各种规则等，现在的国家或地方的海洋战略政策、海洋管理体制、海洋法律法规等更是海洋制度文化的重要组成部分。海洋观念文化，主要指认识、开发、利用和保护海洋活动中形成的海洋观念等，是以不同的形式反映的人类对海洋的心理感知和价值认识，属于深层次的海洋文化。

海洋文化教育是在对传统海洋教育反思基础上形成的海洋教育新形态，走向海洋文化教育成为近几年来全球海洋教育发展的新路径与新趋势。

海洋文化教育包括自然海洋教育、社会海洋教育和人文海洋教育，涵盖海洋政治、经济、科学、技术、哲学、历史、文学、艺术、军事等方面，是以海洋素养培养与发展为核心的、意义深远的知行合一综合性教育。

海洋文化教育的意义不仅在于丰富受教育者的海洋文化知识，增强受教育者的海洋意识，从而培养和发展受教育者的海洋素养，推进海洋强国战略的贯彻实施；还在于提升我国的文化软实力，增强我国海洋文化国际感召力，提升我国在全球海洋治理中的话语权，推进海洋命运共同体建设。

国家综合实力包含硬实力与软实力，硬实力指传统的军事、经济实力等，软实力指一个国家的文化、价值观念等非物化要素所构成的实力，表现

---

① 冯梁. 论21世纪中华民族海洋意识的深刻内涵与地位作用［J］. 世界经济与政治论坛，2009（1）：75-76.

② 李国强. 关于中国海洋文化的理论思考［J］. 思想战线，2016，42（6）：27.

形式是吸引力、影响力和感召力。当前世界各国围绕海洋的军事、经济等硬实力竞争日益激烈，而这些激烈竞争的背后实际上是各国国民的海洋观念、国家的海洋治理理念和发展战略等文化软实力的竞争，其核心是海洋文化的较量，因而通过海洋文化教育来提升文化软实力是十分重要的。

由以上分析不难看出，海洋教育尤其是海洋文化教育是国家文化建设的重要组成部分，实施海洋教育的一个重要目的就是促进国家的文化建设。

第二节　明确中小学海洋教育的主要任务

中小学海洋教育的主要任务是普及海洋知识、传承与发扬海洋文化、弘扬海洋精神、增强海洋意识，进而培养与发展海洋素养。明确了中小学海洋教育的主要任务，才能有针对性地构建海洋教育的内容体系，科学地制订教育教学方案，有效地实施海洋教育。

一、普及海洋知识

海洋知识是人类在海洋实践中认识海洋与人海关系所取得的成果，是认识和研究海洋与人海关系的有力工具。只有全面掌握中小学海洋教育知识体系，才能从中选取有关的海洋知识，联系学生的知识经验、生活经验和认知水平有效地设计海洋教育活动，引导学生在掌握有关海洋知识的基础上学习与弘扬海洋精神、增强海洋意识，从而培养和发展海洋素养。

中小学海洋教育知识体系主要由自然海洋类、社会与人文海洋类两大类共12个方面的知识点构成。

（一）自然海洋类

1.海洋地理与海洋地质地貌

中小学海洋教育知识体系中海洋地理与海洋地质地貌主要知识点有海洋分布与类型、海岸地貌、大洋底地质和"三个学说"。

2.物理海洋与海洋物理

中小学海洋教育知识体系中物理海洋与海洋物理主要知识点有波浪、潮汐、海流以及海洋热力学性质、海洋电磁学性质、海洋光学性质与海洋声学性质。

3.大气-海洋环境

中小学海洋教育知识体系中大气-海洋环境主要知识点有海洋大气环境、海洋环境及其特点、海-气相互作用、海洋污染及其保护、海洋灾害。

4.海洋化学

中小学海洋教育知识体系中海洋化学主要知识点有海洋地球化学、海洋环境化学、海洋资源化学。

5.海洋生物与海洋生态

中小学海洋教育知识体系中海洋生物与海洋生态主要知识点有海洋生物分类、海洋生物与海洋环境以及海洋生态系统。

6.海洋工程与技术

中小学海洋教育知识体系中海洋工程与技术主要知识点有我国的海洋工程建设和我国的海洋技术发展。

（二）社会与人文海洋类

1.海洋权益与海洋安全

中小学海洋教育知识体系中海洋权益与海洋安全主要知识点有构建海洋命运共同体、建设海洋强国、海洋权益和海洋军事。

2.海洋经济

中小学海洋教育知识体系中海洋经济主要知识点有共建21世纪海上丝绸之路、陆海统筹、海洋资源利用和海洋产业。

3.海洋文学

中小学海洋教育知识体系中海洋文学主要知识点有我国海洋文学作品和世界海洋文学名著。

4.海洋艺术

中小学海洋教育知识体系中海洋艺术主要知识点有中国海洋艺术和海洋审美。

5.海洋社会与海洋历史

中小学海洋教育知识体系中海洋社会与海洋历史主要知识点有渔村与渔家生活、海洋信仰与海洋民俗、中国海洋文明发展特点。

6.海洋管理

中小学海洋教育知识体系中海洋管理主要知识点有海洋法规和全球海洋治理。

中小学海洋教育知识体系中各知识点之间相互联系，构成了中小学海洋教育知识体系。在海洋教育过程中，教师应了解各知识点在知识体系中的地位和作用以及各知识点包括的具体内容，以便科学地选取知识内容进行相关的海洋教育。

海洋知识是培养学生海洋素养的重要载体。在海洋知识教学过程中，应基于素养形成的机制来确定旨在海洋素养培养和发展的教学方式和学习方式。旨在培养素养的学习方式，应有利于学生能动地参与学习活动并独立地完成学习过程，自主地进行信息加工、意义建构和感受体验；相应地，旨在发展学生素养的教学方式，应有利于教师激发、调动学生能动地参与学习活动并促进和支持学生独立地完成学习过程。学生能动、独立地学习的状态不是学生自然、自发形成的，而是教师有目的地激发、调动和促成的结果，因此在海洋知识的教学中教师要以引导者、组织者的角色出现，采取适宜的方式引起和促进学生能动、独立地学习，既不能代替学生完成学习过程，也不应占用学生能动、独立地学习所需要的时间和空间。

二、传承与发扬海洋文化

海洋文化的重要性早已被人们所认识。1997年，联合国教科文组织政府间海洋学委员会就把当时的海洋科学技术归结为四类：一是科学文化进步；二是探索和开发海洋财富；三是生命支持系统的研究保护；四是包括海洋管理、海洋经济、海洋伦理、海岸科学、人才与教育在内的一系列问题。其中，关于海洋科学文化进步的研究被列在了第一位。

海洋文化的教育价值主要体现在以下三方面。其一，文化对人的行为具有潜移默化的影响，并能够内化为人的精神，从而指导人的实践。海洋文化充分展现了海洋"海纳百川"的开放性和"兼容并蓄"的亲和力以及人类对自然环境和生命的尊重、对可持续发展的追求和实践。海洋文化融入教育内容能够为构建人与海洋的良性互动关系奠定坚实基础。其二，海洋文化是对因海洋而生的精神、行为、习俗、观念的概括和总结。海洋文化特别是区域性的海洋文化与受教育者的生活经验和发展需求联系密切，容易激发受教育者对于海洋的学习兴趣和探究动机；而且，经由生活经验与发展需求的连接，受教育者能够在懂得包括海洋文化在内的人类文化发展规律的基础上拓展视野，顺应并推动时代发展的潮流。其三，尊重多元观点、强调包容性和创造力是海洋文化的重要特色。海洋文化融入教育内容能够促进受教育者创造性思维的发展，引导受教育者重视实证、强化反思。海洋文化具有丰富的美学元素以及春风化雨般的教育功能，对于受教育者美学素养的培养和发展极为有益。

源远流长的中国传统海洋文化深具和平友好，深含和谐兼容，深念国家命运，成为推进新时代中国海洋文化建设的精神动力。新时代中国海洋文化是在社会主义现代化建设进程中，传承与发扬优秀的中国传统海洋文化，吸收与借鉴其他国家海洋文化精华，顺应国家海洋强国战略实施需求而形成的中国特色海洋文化，是中国软实力的鲜明象征。新时代中国海洋文化以其深厚的历史底蕴、先进的思想指引、坚实的实践基础所形成的强大的说服力和感召力，始终发挥着凝心聚力的重要作用，不断感召人们在建设海洋强国、迈向社会主义现代化强国、实现中华民族伟大复兴的新征程中迸发力量，为实施海洋文化教育提供了强有力的支撑。因此，传承与发扬海洋文化是中小学海洋教育的一项重要任务。

三、弘扬海洋精神

对一个人来说，精神是指其意识、思维、神志等和一般心理状态，包括活力和意志品质。精神实质上是一种信仰，其内涵会扩展为理想信念、价值追求、思维方式、道德规范、气质胸襟、人格情怀等。精神有着强大的力量，这种力量无论是对于一个人、一个企业还是对于一个民族、一个国家都是至关重要的。国家和民族有精神，就国运昌盛、国力强大；企业有精神，就兴旺发达、自立于世；人有精神，就能自强不息、勇往直前。

海洋不仅是生命摇篮和资源宝库，还是人类的精神家园。海洋精神是指海洋族群的胸襟禀赋，是由与特定时代相联系的海洋族群的思维方式、思想状态、内在品质以及价值追求所形成的统一体，全面体现于人海关系中的认知关系、实践关系、价值关系和审美关系；是海洋文化的核心和灵魂，具体表现为人类对海洋的认识、观念、思想、意识和心态。人类对海洋的探索和认识是一个不断演进的过程，人类对海洋的探索越深入，海洋精神就越丰富。

海洋精神蕴含在民族精神之中，是民族精神的重要组成部分。海洋精神和民族精神的其他部分融合在一起，反映着一个民族的内在品质和价值取向，是一个民族的共同信仰和共同追求。在我国历史上，早在汉代开辟的著名的海上丝绸之路谱写了世界海上和平贸易的辉煌篇章，明朝郑和下西洋是世界航海史上的壮举，这其中都闪烁着中华海洋精神的光芒。

中华海洋精神是中华民族的海洋价值取向、思维方式和优秀品质的总和，主要包括"天人合一"的哲学精神、"海纳百川"的包容精神、"战风斗浪"的拼搏精神、"以苦为乐"的奉献精神、"四海一家"的和合精神、"勇立潮头"的创新精神。中国向海图强，需要弘扬海洋精神和培育海洋气质，以中华民族特有的海洋精神与海洋智慧建设海洋强国，实现中华民族伟大复兴。

为此，中小学海洋教育需要凸显海洋精神的学习和发扬。首先，应挖掘海洋人物、海洋事件等的海洋精神教育因素，给学生以海洋情感的渲染与海洋精神的熏陶。其次，应以海洋情感的陶冶为纽带，聚焦海洋精神的学习与发扬，引导学生将海洋精神内化于心、外化于行。再次，应布设海洋精神教育场景，如海洋长廊、海洋展览馆、海洋书屋、海洋壁画与墙报，把一些重要海洋人物、事件、实物等放在醒目位置，再配以海洋精神寄语，引起学生的情感共鸣，发挥海洋精神潜移默化的熏染功能。

四、增强海洋意识

意识是人的头脑对于客观物质世界的反映，是感觉、思维等各种心理过程的总和，其中的思维是人类特有的反映现实的高级形式。现代心理学界将意识分为广义意识和狭义意识。广义意识概念认为，意识是赋予现实的心理现象的总体，是个人直接经验的主观映象，表现为知、情、意的统一。狭义意识概念认为，意识是人们对外界和自身的觉察与关注程度。

海洋意识是人们对海洋的自然规律、战略价值和作用的认识，是人们在社会活动中涉海行为的自我反映。海洋意识反映的是人们对海洋的认识，包括海洋与人的关系、如何开发利用海洋资源、如何保护海洋环境等。海洋意识的提高可以转化为认识海洋、开发海洋、管理海洋、保护海洋的动力。

关于海洋意识的研究要涉及海洋意识主体要素（主要包括公众、国家等）以及海洋意识客体要素（包括自然海洋、人海关系、海洋社会、海洋生态行为等），因而不同的学者对于海洋意识的定义给出了不同的表述。例如，杨志成（1990）认为，海洋意识是一个国家或民族在一定的时期内对其所属海洋乃至世界海洋的认识以及对海洋资源综合开发利用程度的总称[①]；曲金良（2002）认为，海洋意识是人们对海洋以及人海关系的认知[②]；冯梁（2009）认为，21世纪中华民族海洋意识作为一种社会意识，是指21世纪中华民族对海洋在中华民族的历史、现实、未来发展中的地位、作用和价值系统的理性认识[③]；同春芬等（2015）认为，海洋意识是人类在认知、情感、行为倾向方面对海洋的观念总和，它形成于人们对海洋的认识和互动过程中[④]。

赵宗金（2017）指出，对海洋意识内容进行分析，通常可以分析出三个层面的内容：海洋认知、海洋情感、涉海行为意向。海洋认知包括与海洋现象、海洋事务、人海关系等有关的感觉、知觉、记忆、思维、判断、表象和语言等心理过程和意识内容。海洋情感则是在上述过程中产生的情绪、情感体验，主要涉及人地关系、地方认同等内容。涉海行为意向则是在涉海活动过程中各个主体指向海洋的需要和动机等内部准备状态。海洋意识根植于人类涉海活动，是人们对人海关系的自觉意识，是人在社会活动中涉海行为的自我反映。所以，对于海洋意识的理解，不仅要从上述各种意识的角度来理解，还需要在人海关系的框架中开展分析和探讨。[⑤]

陈国成（2021）指出，海洋意识是人类在长期的海洋生活、生产、实践活动中，对海洋的自然规律变化、战略价值和作用等问题产生根本认知和科学理解而形成的对海洋国土、海洋安全、海洋战略、海洋权益、海洋开发、

---

① 杨志成.海洋意识初探［J］.军事经济研究，1990（10）：41-44.

② 曲金良.中国海洋文化研究：第3卷［M］.北京：海洋出版社，2002.

③ 冯梁.论21世纪中华民族海洋意识的深刻内涵与地位作用［J］.世界经济与政治论坛，2009（1）：71-79.

④ 同春芬，张绍游.海洋意识研究的回顾与展望［J］.大连海事大学学报（社会科学版），2015，14（2）：78-85.

⑤ 赵宗金.海洋意识是何种意识［J］.中国海洋社会学研究，2017（5）：73-80.

海洋保护、海洋教育等方面的正确认识和理性实践。①

现在，海洋开发利用实践活动已经成为人类活动的重要内容，海洋资源开采、海上航路开辟、海洋水产养殖、海洋工程兴建等人类活动深刻地影响着海洋环境和海洋生态平衡，并且深刻地反映在人类的海洋意识中并促使人类不断更新海洋意识。

通过海洋教育增强学生的海洋意识应根据小学、初中、高中学段学生的知识水平、生活经验、身心特点和认知水平，分别提出具体的海洋意识教育目标。总的来看，中小学海洋教育应引导中小学生增强陆海统筹的海洋国土意识、依海富国的海洋经济意识、与海为善的海洋环保意识、守海有责的海洋权益意识、和谐包容的海洋合作意识。

心理学研究表明，一个人思想意识、行为方式的变化，需要经历服从、认同、内化三个阶段，这是增强意识的基本路径。中小学海洋教育中的海洋意识培养不能仅停留在教师传授上，而要开展各种实践活动，培养学生对海洋的情感，激发他们自觉学习的兴趣，利用各种渠道增加他们对海洋的感知，并引导他们将获得的感知与情感结合在一起，使认同的外在信息转化为内在的认知，增强海洋意识。

五、培养和发展海洋素养

海洋教育要在普及海洋知识、传承与发扬海洋文化、弘扬海洋精神、增强海洋素养的基础上，全面培养和发展海洋素养。

素养一般指人的修养，是沉淀在人身上的对人的生活、学习、工作、发展有价值、有意义的品质，表现为人在特定情境中综合运用知识、技能等分析、解决问题的能力。

人的素养包括思想政治素养、知识素养、文化素养、职业素养、身心素养等，这些对于一个人的思维方式、行为习惯等具有重要影响。

海洋素养培养是海洋教育目标的核心，构建以海洋素养培养为导向的海洋

---

① 陈国成. 海洋意识的内涵、特性及大学生培育路径研究［J］. 景德镇学院学报，2021，36（4）：88-93.

教育实践已成为国内外海洋教育界的基本共识，并对海洋素养概念形成了不同的解释。

美国国家海洋教育者学会等机构自2003年启动对于海洋素养项目的研究。2005年定稿的《海洋素养：K-12海洋科学的核心原则与基本概念》与2009年定稿的《K-12海洋素养范围与序列》共同构成了海洋素养的基本架构。该框架认为"海洋素养就是指海洋对你的影响以及你对海洋的影响"，在此基础上提出海洋素养"七原则"：地球有一个具有许多特征的大海洋，海洋和海洋生物塑造着地球的特征，海洋是影响天气和气候的主要因素，海洋使地球变得宜居，海洋支持着丰富的生命和生态系统，海洋和人类之间有着千丝万缕的联系，海洋大部分尚未开发。"七原则"主要是从海洋的自然属性出发，强调了人与海洋的相互作用与依存性，得到了西方国家海洋教育界的普遍认可。

2017 年 6 月召开的联合国支持实施可持续发展目标 SDG14 的高级别会议，为进一步在国际上推广海洋素养概念和框架提供了平台。联合国教科文组织与相关机构和合作伙伴提交的《全民海洋素养：提高人们对海洋的保护、恢复和可持续利用的认识的全球战略》报告提出"全民海洋素养"行动计划，指出要"鼓励海洋教育方面的合作与交流，以改善海洋文化框架；提高海洋与人民日常生活之间双向互动的意识，使公民能够调整日常行为；采用创新手段培养具有海洋文化素养的公民，承认环境挑战，并就海洋管理和海洋资源利用问题作出系统的知情和负责任的决定"[1]。此外，联合国海洋会议（UN Ocean Conference）以"行动呼吁"的形式，以协商一致的方式通过了政府间达成的声明，"支持促进海洋相关教育的计划，例如将其作为教育课程的一部分，以提升海洋素养和保护、恢复和可持续利用我们海洋的文化"[2]。

2021年，《联合国"海洋科学促进可持续发展国际十年"内的海洋素

---

① 刘训华. 教育性是海洋教育的第一属性［J］. 宁波大学学报（教育科学版），2021，43（2）：11.

② 王美. 国际海洋素养运动：从科学教育边缘走向中心［J］. 上海教育，2022（20）：18–21.

养行动框架》发布，其内容包括三个部分：一是介绍海洋素养（涉及海洋认知、海洋意识、海洋教育和海洋文化等）及其对"海洋十年"的重要作用，二是提出海洋素养行动框架，三是描述现有海洋素养发展措施与"海洋十年"参与机制之间的相互联系。

在我国，海洋学者十分重视对于海洋素质的研究。例如，早在2012年，马勇提出并界定了海洋素养教育的含义，指出"海洋教育是由教育者对受教育者施以有关海洋自然特性与社会价值认识、海洋专业能力以及由人的海洋知识（意识）、海洋情感、海洋道德与海洋行为等素质要素构成的海洋素养的培养活动"；2021年，马勇又从"知、情、意、行"（人类活动的四种基本形式），论证了海洋教育培养海洋素养的重要性和必要性，指出"教育过程存在一个由'知、情、意、行'四要素相互连接而成的统一培养律，在教育过程中学生应具有的知识素养、情感素养、意志品质与行为素养则构成学生的重要核心素养，海洋教育作为一项教育活动，也要依据人的心理发展规律，更应遵循教育规律。基于以上两点，在海洋教育中将'知、情、意、行'四要素引申为'海洋认知素养''海洋情感素养''海洋意志品质'与'海洋行为素养'，把它们列为四个海洋核心素养；考虑到多年来人海关系的紧张，迫切需要建立人海的良好伦理关系，故再加进一个'海洋道德素养'"①。由此，马勇提出了海洋素养应包括海洋认知素养、海洋情感素养、海洋道德素养、海洋意志品质与海洋行为素养。

2021年12月18日，全国海洋教育研究联盟和中国海洋大学联合主办的第三届中国海洋教育论坛暨海峡两岸海洋教育研讨会在青岛召开。此次论坛凸显海洋素养培养与海洋教育课程改革研讨主题，首次提出了"中国海洋素养"概念。会议认为，海洋素养作为推进海洋教育的核心概念已成为世界各国海洋教育领域的共识。长期以来，国际海洋教育界将美国提出的"七原则"作为重要依据，但是"七原则"忽略了海洋的主权属性、社会属性，主要将其作为自然物的存在，具有局限性。中国在推进海洋教育过程中，应紧

---

① 马勇. 从海洋意识到海洋素养：我国海洋教育目标的更新［J］. 宁波大学学报（教育科学版），2021，43（2）：5-8.

抓海洋素养概念，并从社会参与、人文情怀、科学探索、生态互享四个维度构建符合中国国民发展需要的海洋素养体系。

遵照习近平总书记关于建设海洋强国系列重要论述的精神，我们应在构建海洋命运共同体理念的指引下，实施以培养人的海洋素养为核心的海洋教育，即将海洋教育的目标提升到培养人的海洋素养的层次。

对于学生来说，海洋素养的确立应符合立德树人根本任务的要求和我国海洋强国建设的需要，与中国学生发展核心素养相融通，与学生所学课程的核心素养培养要求相衔接，密切结合学生的知识经验、生活经验、身心特点和认知水平。鉴于此，中国海洋大学海洋文化教育研究中心经过历时三年的课题研究，初步提出由4个层面和12个基本要点组成的学生海洋素养基本架构。

学生海洋素养基本架构

1. 认知层面

（1）丰富海洋知识：丰富海洋自然科学知识，初步了解海洋现象、性质和发展变化规律，具有一定的分析海洋现象、探究海洋奥秘的能力；丰富海洋社会科学知识，认识到人与海洋和谐共生的重要性和必要性，理解维护国家的海洋权益和海洋安全的重要意义；丰富海洋人文科学知识，认识到中国海洋文化历史悠久、源远流长、丰富多彩、特色鲜明，是中华文明的重要组成部分；具有自主学习、数字化学习和终身学习海洋知识的意识和能力，能够不断地完善海洋知识体系、丰厚海洋文化积淀。

（2）理解海洋价值：了解海洋的生态价值、气候作用、资源功能和空间意义，认识到海洋是人类生存与发展的重要基础，海洋始终伴随着人类文明进步的脚步，树立起正确的海洋价值观；了解我国既是陆地大国，也是海洋大国，我国主张管辖的海洋面积约为300万平方千米，认识到海洋在我国维护国家主权、安全和发展利益，建设社会主义现代化国家，实现中华民族伟大复兴中的重要作用；了解海洋在国际政治、经济、军事、科技等领域竞争中的突出战略地位，能够认真学习和积极践行构建海洋命运共同体理念。

（3）发展海洋思维：了解海洋思维是一种开放性思维、包容性思维和协作性思维，相较于陆地思维具有更显著的"开放包容、互动交换、协同合作、勇于创新"等特征，更能顺应新时代发展的需要；理解海洋思维始终伴随着危机意识和竞争精神；认识到更高水平改革开放需要海洋思维，构建人类命运共同体需要海洋思维；能够主动地发展海洋思维，建立起以"开放包容、相互合作"为核心的海洋思维模式，具有较高的运用海洋思维分析、解决问题的能力。

2. 情感层面

（1）欣赏海洋之美：了解海洋美是包括海洋景观美、海洋社会美、海洋科技美、海洋艺术美等的多元之美，具有发现、感知、欣赏、评价和表达海洋美的兴趣和能力；认识到海洋绘画、海洋雕塑、海洋摄影、海洋音乐、海洋戏剧等海洋艺术形式不但表达了海洋之美，而且展现了人类与自然之间相互依存、共同发展的和谐关系；了解海洋美是美丽中国的重要组成部分，熟知我国海洋艺术的杰出成就以及海洋艺术对于促进我国社会发展和文明进步的重要意义，能够积极宣传中国海洋之美。

（2）厚植海洋情怀：认识到海洋与人类的生存与发展息息相关，对海洋抱有崇敬之情和感恩之心，能像对待生命一样关爱海洋；知道浩瀚深邃的海洋奥秘无穷，具有探索海洋奥秘的浓厚兴趣，能够主动地为认识海洋、造福人类而走向海洋、亲近海洋；赞赏海洋的"生生不息、潜力无限""海纳百川、取则行远"，树立起海洋般宏大的家国情怀，充满民族自豪感和爱国热情，积极投身于建设海洋强国、实现中华民族伟大复兴的宏伟事业之中。

（3）崇尚海洋精神：认识到中华海洋精神是中华民族的海洋价值取向、思维方式和优秀品质的集中反映，具体表现为"天人合一"的哲学精神、"海纳百川"的包容精神、"战风斗浪"的拼搏精神、"以苦为乐"的奉献精神、"四海一家"的和合精神、"勇立潮头"的创新精神；理解现代中华海洋精神的"开放包容、和平发展、开拓创新、与时俱进"和"关注海洋、以海图强、统筹兼顾，人海和谐"的价值追求，能够积极主动地学习中华海洋精神、弘扬中华海洋精神、践行中华海洋精神。

3. 意志层面

（1）尊重海洋属性：认识到海洋是地球上的客观存在，是一个由固态、液态、气态物质组成且无生命物质与有生命物质共存的复杂统一体；理解海洋像地球上其他的客观事物一样，具有自己的自然属性及其所决定的发展变化规律，而且这种自然属性和发展变化规律不以人的意志为转移，人类应当顺应海洋的自然属性和发展变化规律；能够积极主动地了解海洋的自然属性和发展变化规律，尊重海洋的自然属性和发展变化规律，促进人海和谐共生良好关系的建立。

（2）遵循海洋伦理：了解海洋伦理是人类在开发与利用海洋过程中形成的处理人与人、人与社会、人与海洋关系所应遵循的行为准则和行为规范；认识到人类在开发利用海洋资源的过程中，必须遵循一系列原则和道德规范，以确保海洋资源的可持续利用和海洋生态系统的健康；认识到当代人所拥有的开发利用海洋资源的权利和所承担的保护海洋资源的义务都是平等的，每一代人都要为下一代人保存丰富的资源与良好的环境；能够遵循海洋伦理来认识海洋的开发与利用问题，践行海洋伦理，规范涉海行为。

（3）维护海洋法治：了解国内以及国际上有关海洋的法律法规，理解海洋立法对于开发利用海洋资源、发展海洋经济、保护海洋环境、维护海洋权益和海洋安全等的重要意义，认识到依法治海会让人类与海洋更加和谐，能够促进人类社会与海洋的可持续发展；知道我国全面推进依法治海、加速建设法治海洋是贯彻依法治国的应有之义与建设海洋强国的基本保证，能够认真学习和践行海洋法律法规，积极宣传依法治海，支持国家法治海洋建设。

4. 行为层面

（1）建设海洋强国：了解"依海富国、以海强国、人海和谐、合作共赢"是我国新时代海洋观的核心，认识到建设海洋强国是中国特色社会主义事业的重要组成部分，是实现中华民族伟大复兴的重大战略任务，共建21世纪海上丝绸之路是建设海洋强国、实现中华民族伟大复兴的重大战略举措；认识到新时代学生在建设海洋强国、实现中华民族伟大复兴新征程中的使命任务与责任担当，能够积极主动地学好建设海洋强国的本领，深入了解和积极宣传我国建设海洋强国和共建21世纪海上丝绸之路所取得的伟大成就。

（2）参与海洋治理：了解海洋是人类寻求解决陆地资源匮乏、环境恶化、人口膨胀三大难题的希望所在；认识到当今全球海洋所面临的海洋健康问题、不合理地开发利用海洋资源问题和非传统安全问题等，理解全球海洋治理的紧迫性和重要性；认识到构建海洋命运共同体理念为全球海洋治理指明了前进方向，为建设和呵护美丽繁荣的海洋家园提供了中国方案，能够认真学习、积极宣传、主动践行构建海洋命运共同体理念，以保护海洋环境的实际行动助推全球海洋治理。

（3）热心海洋实践：了解人类的海洋探索之旅，认识到人类开发、利用和保护海洋等实践活动对于人类社会发展的重要影响；理解海洋技术对于海洋开发、利用、保护等海洋实践活动的重要作用，熟知我国在海洋技术方面取得的重大成果；能够积极主动地参与包括海洋研学活动、海洋宣传活动和海洋公益活动在内的各种海洋实践活动，注重通过活动体验丰富海洋认知、陶冶海洋情感、弘扬海洋精神、增强海洋意识、培养和发展海洋素养。

对于小学生、初中生和高中生的海洋素养培养，应基于学生海洋素养基本框架，分别提出各学段的具体要求，做到循序渐进、循环提升。

在中小学海洋教育过程中，应坚持素养导向，注重落实海洋素养的教育要求，促进学生海洋素养的全面提升。需要特别注意的是，学生素养的形成与单纯的知识掌握具有不同的机制。大量研究表明，学生素养形成于他们能动地参与和独立地完成实践活动的过程。例如，学生的思维能力主要是在亲身经历和独立完成的思维实践中形成的，学生的意志品质主要是在亲身经历和独立完成的克服困难的实践活动中形成的。因此，组织海洋研学活动和开展各种海洋主题活动是培养学生海洋素养的重要方式。

第三节　熟悉中小学海洋教育的实施途径

海洋教育是一种综合性强又不同于一般学科教育的教育形态。中小学实施海洋教育的途径主要包括海洋教育与学科教学融合实施、开设海洋教育地方课程和校本课程、组织海洋研学活动和其他海洋主题活动、营造海洋文化校园等。实验证明，这些途径的有机结合、相互贯通会有力地提高海洋教育的效果。

一、海洋教育与学科教学融合实施

国家课程学科教学是中小学教育的主渠道，也是中小学海洋教育的重要渠道。

海洋系统是一个复杂的综合体，认识和研究海洋需要涉及多个学科的知识，这就为中小学海洋教育与多个学科教学融合提供了可能。而且，中小学海洋教育与学科教学融合实施，既可以使海洋教育得以有效实施，又可以为学科教学的理论联系实际搭建良好平台，促进学生海洋素养与学科核心素养的共同发展。

实现中小学海洋教育与学科教学融合实施，需要探寻海洋教育与学科教学的结合点，科学地设计教育活动。

（一）探寻海洋教育与学科教学的结合点

找准了海洋教育与学科教学的结合点，才能使有关的海洋教育在学科教学过程中自然地生发出来并成长壮大，也才能在实施海洋教育的过程中使学科知识得以拓展和深化。为此，需要注意以下问题。

1.领会课程标准的精神实质和明确海洋教育的目标要求

某一学科的课程标准规定了这一学科的课程性质、课程目标、内容目标、实施建议等，是学科教学的指导性文件。新近颁布的课程标准对学生学科核心素养的培养做了明确说明，提出了具体要求。

海洋教育的目标要求确立了海洋教育活动的方向，规定了海洋教育活动的内容和应培养的海洋素养。

学科教学和海洋教育都指向素养培养，它们之间必定有融合之处，这就要求教师认真领会课程标准的精神实质和海洋教育的目标要求，寻找学科核心素养与海洋素养之间的关联，从而明确学科教学与海洋教育在培养学生素养方面的结合点。

2. 深入剖析学科教学资源内容和海洋教育知识体系

教学资源通常指教科书、教师用书、教学案例、图片、课件、教具等。各学科的教科书和教师用书是教师组织学科教学活动的主要知识内容依据，而中小学海洋教育知识体系则是中小学开展海洋教育活动的主要知识内容依据，因而，要想找到中小学学科教学内容与海洋教育内容的结合点，就必须深入剖析学科教学资源尤其是教科书和教师用书的内容以及海洋教育知识体系。

3. 用好联想思维，强化关联分析

所谓联想思维，指的是人脑记忆表象系统中，某种诱因导致不同事物或表象之间因时间上或空间上接近、外形或性质上相似、完全对立或存在某种差异、存在因果关系等而发生联系的一种没有固定思维方向的自由思维活动。

所谓关联分析，指的是以具有已知信息的要素为起点，通过不断地联想，完整地建立系统中所有要素之间的关联关系的分析过程。关联分析的依据是关联性。所谓的关联性，是指系统内的各种要素，既具有独立性，又具有相关性，而且各要素和系统之间同样存在这种相关性；也就是说，系统中每个要素都不是孤立存在的，它们之间时刻都在相互作用。

为了找出系统中各要素之间的关联性，在进行关联分析时要强化要素分析，即针对研究对象各构成要素及其属性进行全面深入的分析，逐项单独考察，最大限度地挖掘各要素的有效信息，并特别注意发现已知信息的要素背后隐藏的有价值信息，因为这些信息往往是建立要素之间联系的重要线索。

强化关联分析、用好联想思维就容易找准学科教学内容与海洋教育内容结合点，甚至隐藏很深的结合点。

4. 加强多学科融合

海洋是个复杂的综合体，海洋教育具有一定的复杂性、综合性及系统性，这使得中小学海洋教育任务无法仅与单一学科或个别学科教学的融合来完成，而需要多门学科教学的共同参与。

多学科融合实施的海洋教育，为学生综合运用所学学科知识解决真实的海洋问题提供了平台，能发挥不同学科的教育功能，从不同角度凸显所揭秘的海洋现象特征和所讨论的海洋问题的解决要素，为学生从不同维度认识、感悟、体验海洋提供了可能。这不仅能够拓展学生的海洋认知广度，还能增强学生对有关海洋问题的认识深度，既有利于学生学科核心素养的发展，又有利于学生海洋素养的培养和发展。

对于中小学海洋教育来说，要通盘考虑，构建贯穿小学、初中、高中三个学段的海洋教育体系，充分挖掘不同学段、不同课程中的与海洋教育相关的教学资源，积极探寻与丰富海洋教育与学科教学融合实施的有效教学方式，注重学段之间海洋教育与学科教学融合实施的递进与深化，实现对学生的全面、系统的海洋教育。

另外，要注意意识增强和海洋素养培养的长期性。要坚持通过海洋认知、海洋敏感度、海洋人格与精神三个方面的培养，通过海洋教育与不同学科教学的融合实施，使学生从不同的角度获得必要的海洋认知和学科认知，逐步培养起海洋敏感度和学科灵敏度，全面塑造积极向上的海洋人格与精神以及学科人文精神。

（二）融合海洋教育内容和学科教学内容，设计教育活动

海洋教育和学科教学融合实施可以采取多种方式，开展项目式探究活动是一种值得提倡的实施方式。

关于海洋教育与学科教学融合实施的项目式探究活动，指的是基于海洋教育内容和学科教学内容的融合，以项目式教学理念为指引，所开展的以学生自主探究和合作研讨为主要形式的探究活动。这种探究活动，有些可以利用学科教学时间在课堂上集中进行；有些可以由教师在课堂教学时予以布置，引导学生在课下分散进行，然后再利用课堂教学时间进行总结汇报、成果展示等。

海洋教育内容和学科教学内容融合的项目式探究活动的主要环节如下。

1. 创设项目情境

学科教学需要创设情境，海洋教育与学科教学融合实施的项目式探究活动的开展同样需要创设情境。

对于海洋教育与学科教学融合实施的项目式探究活动来说，情境是由一定的海洋场景、海洋事件构架成的，与学科知识密切关联的海洋实践共同体，其主题具有重要的社会发展意义。情境中蕴含着真实的海洋问题，能够吸引学生参与探究且与学生的最近发展区相一致，有利于学生合作学习，发展对作为情境的海洋实践共同体文化的认同。

一般说来，海洋教育与学科教学融合实施的项目式探究活动中，创设情境应遵照以下原则。

探究性原则：学习情境要能够引发海洋问题且引发的海洋问题应有一定的难度，学生须经过积极的甚至艰苦的探究过程才能使问题得以解决。

真实性原则：创设的情境是真实的海洋情境，其中所包含的问题是真实的海洋问题。

复杂性原则：学习情境就是现实海洋，是一个个基本上未被简化的海洋场景或海洋事件。这样的事件是多元的、开放的、不断变化的，即复杂的。

主体性原则：创设的情境从一开始就能引导学生将他们的信念、理解、文化实践带进其中，并且在活动过程中建构自己的意义，体现学生的主体地位。

在海洋教育与学科教学融合实施的项目式探究活动中，要引导学生通过所创设的情境发现并提出探究问题。其一般程序是从真实情境中提炼出真实的、复杂的海洋问题，将真实的、复杂的海洋问题转化为学科综合性问题，将学科综合性问题拆分成用有关学科知识可以解决的学科基本问题，然后通过探究使各学科基本问题一一破解，使学科综合性问题最终得以解决，从而从学科的角度理解真实的、复杂的海洋问题，为全面解决真实的、复杂的海洋问题奠定基础。

2. 安排项目任务

项目式学习或项目式探究活动的任务，是指学生面临的当前自己感到困惑，没有现成方法可以使用，需要调动自身知识、经验、技能来探究并尝试完成的事情。

每一个项目式探究活动都有一定的项目任务，要求学生明确学习过程中要进行哪些活动、做什么事情。项目任务中的主任务是围绕项目主题安排的任务，它往往要被拆分成几个分任务，让学生逐一完成，最终实现完成总任务的目标。项目任务的来源是开放式的，没有现成的答案，也没有一定的规则限制，需要学生结合自己的知识和生活经验，在实际操作中运用创造性思维、发散性思维、批判性思维等来完成项目任务。

在完成项目任务的过程中，学生要梳理海洋知识和与之相关联的学科知识，并在活动后的元认知反思中使思维层次得到提升、解决问题的能力得以提高，这一切都是在任务的驱动下进行的。

3. 明确项目目标

在项目式探究活动中，明确了目标，学生的探究活动才会有方向，学生在探究过程中才会不断地得到目标的激励和聚合，学生的探究结果才会有评价的标准。

海洋教育与学科教学融合实施的项目式探究活动的项目目标应是海洋教育与学科教学目标的融合，尤其是学科核心素养与海洋素养培养目标的融合，这样才能使海洋教育真正与学科教学自然融合起来。

4. 设计项目活动

海洋教育具有很强的实践性，项目式学习本身就是体验性学习，这就决定了海洋教育与学科教学融合实施的项目式探究活动是一种体验性的教育活动。

体验性学习是指学生作为学习的主体，亲自参与或置身于某种情境，投入全部的心智去感受、关注、欣赏、经历、评价某种事物或某个过程，从而获得某种知识、技能、情感，加深对原有知识、技能、情感的认识。

海洋教育与学科教学融合实施的项目式探究活动的各项任务需要通过各种各样的活动来完成，如观察、实验、观看、查询、阅读、参观、调研、采访、操作、制作、表演、绘画、竞赛、辩论、写作、交流、展示、汇报。为了支持活动的开展，还需要有知识支持、方法导引、工具等。

在项目活动中，学生自主探究与合作研讨相结合，参与活动过程，收获活动体验，深化对知识的理解，拓展视野，增强思想意识，培养核心素养，实现全面发展，这些是单纯的说教式教学所难以实现的。

5.组织项目总结

开展海洋教育与学科教学融合实施的项目式探究活动，学生在完成项目后需要展示学习成果，以达到交流分享经验、促进自我发展的目的。

海洋教育与学科教学融合实施的项目式探究活动的各个环节环环相扣、有机衔接，使海洋教育基于学科教学得以有效实施，使学科教学依托海洋教育得以拓展深化。

二、开设海洋教育地方课程和校本课程

（一）海洋教育地方课程

地方课程作为国家基础教育宏观课程结构中的重要组成部分，是指地方各级教育主管部门根据国家课程政策，以国家课程标准为基础，在一定的教育思想和课程观念的指导下，根据地方经济、政治、文化的发展水平及其对人才的特殊要求，充分利用地方课程资源而开发、设计、实施的课程。地方课程旨在补充和丰富国家课程的内容，满足地方教育发展的需求。它既可以安排学科类课程，也可以安排各种活动类课程；既可以作为必修课，也可以作为选修课。地方课程的设计和实施的最大特点是充分考虑地方的实际情况，包括地方的经济、政治、文化发展水平以及对人才的特殊需求等因素，做到服务于地方、立足于地方、归属于地方。

为了发展海洋事业，建设海洋强国、海洋强省或海洋强市等，我国沿海地区的一些地方开设了海洋教育地方课程，为这些地方的海洋教育开辟了新的渠道。海洋教育的地方课程与当地各项海洋事业的发展及海洋人才培养密切联系，当地会为地方课程海洋教育的开展提供更多的社会资源和各方面的支持。因此，凡是开设了海洋教育地方课程的学校，要利用好地方课程这一渠道大力开展海洋教育。

以海南省为例。海南省以原国家海洋局宣传教育中心编写的"中小学海洋意识教育系列教材·海南版"《我们的海洋》为教材，全面实施以提升海洋意识为核心的海洋教育。"中小学海洋意识教育系列教材·海南版"《我们的海洋》反映了海南岛独特的海洋风貌、体现了海南省海洋资源的特色，教材内容中充满了海南元素，包括珊瑚礁、砗磲、红树林、海口海底村

庄、海洋海岸地貌、海南国际旅游岛建设等，引导学生了解海南风土地貌，熟悉常见海洋现象，关注身边海洋资源，增强对所属区域海洋风格的认识。教材注重引导式和探究式教育，设计了"观察·思考""联想·分析""活动·研讨""交流·分享"四个主要活动性栏目，通过"时代寄语"明确每一个专题涉及的海洋意识，利用"蓝色行动""后续研究"栏目引导学生进行拓展性探索；强化观察思考、实验探究、参观访问、调查研究、合作研讨等活动体验，引导学生在思考及实践中获取海洋知识、弘扬海洋文化、树立科学的海洋观念、增强海洋意识。在具体实施过程中，考虑到学科专业性和科学性，海南省教研机构倡导小学以科学课教师、综合实践活动课教师为主，初中、高中以地理、生物、物理、化学、历史、政治、综合实践活动课等教师为主组建校内海洋意识教育教师队伍。经过多年的持续探索，海南省中小学海洋意识教育形成了省、市、县、学校协同攻关的"自上而下"及发挥市县、学校主体责任的"自下而上"的双向实践路径。①

（二）海洋教育校本课程

校本课程，又称为学校课程，是学校在确保国家课程和地方课程有效实施的前提下，针对学生的兴趣和需要，结合学校的传统优势及办学理念，充分利用学校和社区的课程资源，自主开发或选用的课程。校本课程开发主体是学校的教师。由此可以看出，校本课程具有很大的灵活性，各校教师完全可以根据学校自身的教育资源和校外的社会资源开设海洋教育的校本课程，有效地对学生实施海洋教育。

现在许多学校以STEM教育理念为指导，实现国家课程的校本化，构建独具特色的融合海洋教育的学校课程。

刘群（2021）在《STEM教育理念下的小学海洋教育"融合式"育人模式研究》②一文中指出，STEM教育理念下海洋教育"融合式"育人模式是指在STEM理念之下，建构小学的海洋教育课程，并将海洋教育课程与其他学科

---

① 钟昌红，姚锐，陈力.中小学海洋意识教育的探索与实践：以海南省为例［J］.基础教育课程，2021（1）：19-25.

② 刘群.STEM教育理念下的小学海洋教育"融合式"育人模式研究［J］.现代教育，2021（12）：42-45.

课程科学融合有效实施，即将STEM与海洋教育课程（场馆课程、牧场课程等）、基础学科课程（科学、技术、工程和数学等）、拓展研学课程、社团个性课程、德育课程等进行科学融合，突出海洋情境、跨学科融合、项目式学习、多维评价等核心特征，运用知识，解决问题，融合创新，协同育人，体现跨学科、趣味性、情境性、探究性、体验性、合作性、艺术性等特点，实现将海洋与科学、技术、工程、数学、劳动等多学科间的科学融通，形成STEM理念下以海洋内容学习为轴心的多学科融合的育人模式，以发展学生海洋素养和核心素养，培养新时代创新型人才。

三、组织海洋研学活动和其他海洋主题活动

（一）海洋研学活动

研学是一种新兴的教育形式，指的是以研究和学习为主要目的的实践活动。"研"和"学"是研学的两个重要组成部分，"研"就是要进行实践探究，从中发现问题、提出问题、分析问题和解决问题，"学"就是在发现、提出、分析和解决问题的过程中进行深入学习，掌握新知，拓展视野，提高分析问题和解决问题的能力。通过"研"和"学"的有机结合，研学活动可以满足学生的个性需求，提高学生的自主学习能力、实践能力，增强学生的自信心和团队合作精神。

近年来研学旅行兴起。2016年教育部等11个部门联合印发的《关于推进中小学生研学旅行的意见》指出，中小学生研学旅行是由教育部门和学校有计划地组织安排，通过集体旅行、集中食宿方式开展的研究性学习和旅行体验相结合的校外教育活动，是学校教育和校外教育衔接的创新形式，是教育教学的重要内容，是综合实践育人的有效途径。开展研学旅行，有利于促进学生培育和践行社会主义核心价值观，激发学生对党、对国家、对人民的热爱之情；有利于推动全面实施素质教育，创新人才培养模式，引导学生主动适应社会，促进书本知识和生活经验的深度融合；有利于加快提高人民生活质量，满足学生日益增长的旅游需求，从小培养学生文明旅游意识，养成文明旅游行为习惯。现在，各地关于海洋教育的研学旅行活动广泛开展起来，取得了良好的效果。

海洋研学实践课程的设计主要包括以下内容。

一是明确设计思路。课程设计应当在充分考虑学情并结合选取地点海洋教育资源以及紧密贴合具体的海洋教育知识点的基础上，以海洋强国战略为导引，提高学生对于海洋的认识水平，增强学生的海洋意识，进而培养和发展学生的海洋素养。

二是制定研学目标。中小学海洋研学实践课程目标分为基础性目标和发展性目标。其中，基础性目标应围绕海洋研学实践课程所涵盖的基础知识点展开，发展性目标更多地包含意识增强目标和素养培养目标。海洋研学导师应充分考虑学生的诉求和海洋研学实践课程内容，撰写详细的海洋研学实践课程目标。

三是组织课程实施。海洋研学实践课程实施包括研学前教学、研学中教学和研学后教学三个阶段。研学前教学指的是在正式开展现场海洋研学实践课程之前，海洋研学导师应充分引导学生预习海洋研学实践课程内容，了解相应的理论知识；必要时，应在校内进行相关知识的课堂教学，或者以网络教学的方式，播放课程视频、微课，提前使学生接触相应的海洋研学实践知识，确保学生有准备地进行海洋研学实践。研学中教学指的是保证海洋研学实践课程是一次完整的教学活动，不能因为海洋教育实践基地或营地的多元化而使海洋研学实践课程的教学不规范。为此，海洋研学导师应根据课程设计板块，撰写教案和教学设计，做到每个教学环节都有章可依。研学后教学指的是海洋教育实践基地或营地的研学课程结束后，海洋研学导师组织学生进行相应的总结和提升工作。此部分教学可以直接在海洋教育实践基地或营地完成，也可以让学生充分地消化、吸收研学内容后回到校内进行。

四是进行课后评价。海洋研学实践课程课后评价分为学生自我评价、小组评价和海洋研学导师评价三个部分。学生自我评价充分尊重学生的主体性，引导学生对自己在活动中的表现进行反思与评价，填写"学生自我评价表"并交给海洋研学导师一份。小组评价由小组组长组织，全体组员经讨论后填写小组评价表，完成后交一份给海洋研学导师。海洋研学导师应以学生自我评价和小组评价为依据，并根据在海洋研学实践对学生指导的情况客观地对学生进行综合评价。需要注意的是，由于面对的学生较多、工作量较大，海洋研学导师评价表尽可能以客观表述或者打分为主，既保证评价的公正性，又降低评价工作量。

潘思恒（2021）在《海洋研学旅行产品体系设计研究》[①]一文中指出，海洋研学旅行资源具有综合性特征，体现在其丰富的资源内涵上。一是海洋科普，包括海洋地质地貌、海洋潮汐、海洋生物生态系统等知识；二是海洋文化，包括与海洋及渔文化有关的人文作品，如诗歌、散文、小说、剧本、绘画、海洋音乐、舞蹈等可开发的课程教育资源；三是海洋经济，涉及远洋运输、港口设施、港口贸易、海产渔业、海洋油气田、海洋工程、海洋牧场等全域化全产业链；四是海洋生活，包括渔家生活、水上社区、渔家村落、海岛等沉浸式体验性研学资源；五是海洋军事，如海上国防、海上防卫、航母舰船、海岛驻防等海洋国防知识；六是海洋运动或活动，包括海岸活动（沙滩排球、沙滩足球、沙滩拔河、沙雕沙画、吹螺号、捉蟹、海角宴会、赛船模等），海上运动（海泳、冲浪、海钓、帆船、赛龙舟、摩托艇、海上牵引伞等），海底运动（潜水、海底观光等），海岛活动（无线电测向与定位、海岛生存等）等。在上述分析的基础上，此文给出了海洋研学旅行课程资源分类表（表1-3-1）。

表1-3-1　海洋研学旅行课程资源分类

大类	主类	资源举例	场所举例
自然科普	自然资源	海洋自然现象、海洋环境景观、海洋灾害、海洋自然规律等方面的资源	海洋自然保护区、海洋风景名胜区、海洋地质公园、海洋森林公园、海洋湿地公园、水利风景区、海洋生态旅游区、海岛等海洋自然保护地
	科普资源	海洋科技研发、海洋科技发展、海洋科技建设、海洋生物、海洋科技伦理等方面的资源	海洋科技馆、海洋博物馆、海底世界、海洋经济港口、海洋科研机构、海洋高等院校、海洋产业园区、国家海洋工程或工业项目及其他海洋展馆等场所

---

① 潘思恒.海洋研学旅行产品体系设计研究［J］.旅游纵览，2021（17）：87-90.

续表

大类	主类	资源举例	场所举例
人文国防	人文资源	涉海类传统文化、涉海类非遗传承、现代海洋人文类旅游资源等	海洋人文旅游度假村、渔村、海洋主题公园、海洋文化旅游小镇、海洋牧场、涉海名人故居、海神信仰及其他非遗项目展示地等场所
	国防资源	海权国防教育、爱国主义教育、涉海英雄事迹、革命故事及各类国防军事主题相关资源	依托各类海洋军事主题馆、海权红馆、军营或海洋军事公园、爱国主义教育基地、海洋战争遗址、涉海类烈士陵园等场所

何晓丹、高超、徐皓（2021）在《面向海洋教育的高中地理研学旅行设计——以舟山渔场为例》[①]一文中指出，《普通高中地理课程标准（2017年版2020年修订）》更为注重加强海洋教育，在课程内容的设计原则上要求融入海洋意识教育；通过分析新人教版高中地理教材发现，"渔场""渔业"多次出现在教材课文或"案例""思考""阅读"等栏目中且都具备一定的海洋教育属性，为开展海洋研学活动做了铺垫。

2022年，山东省青岛市文化和旅游局策划推出"嗨游青岛·悦享冬季"系列活动，其中的"智研海洋"研学模块引导中小学生"冬日解锁海洋奥秘，'守护蔚蓝'从'认识'开始"，使参加研学活动的学生收获满满。

在青岛海底世界，参与研学的学生可以随着缓缓而行的自动步行梯进入海底隧道深入海底，通过超越180度视角的透明可视窗，领略不断变化的海底景致，欣赏成群结队的洄游性鱼类和巨大的鲨鱼来回游动，感受鱼嘴不时张开、闭合的巨大鳐鱼从头顶掠过的奇妙。青岛海底世界还展现了独特的"胶州湾生物群落"，国内第一个"海洋垃圾展示缸"，2000多类、2000多件真实海洋生物标本，供参与研学的学生观察、研究。在青岛海底世界，参与研学的学生还可以一睹成群的梦幻水母的风采，在"海底科普互动室"里通过数码显微镜观察微观世界的奥秘……这样的研学，不仅使参加研学的学生近距离

---

① 何晓丹，高超，徐皓.面向海洋教育的高中地理研学旅行设计：以舟山渔场为例[J].地理教学，2021（17）：54-58.

体验了海底世界，更使他们通过有趣的互动项目与知识科普拓展了海洋视野。

在青岛西海岸新区，"明月·海藻世界"是目前全球唯一以海藻为主题的旅游景区，从几十亿年前的海藻品种到如今的几千个品种，参与研学的学生都能在这里先睹为快。海藻活性物质国家重点实验室集基础研究、技术开发、工程应用、产业孵化于一体，内设功能食品研究室、分子美食研究室、肉制品研究室、烘焙实验室、饮品实验室、中央厨房等。在这里，参与研学的学生可以看到海藻中的活性物质魔幻般的变化，"让面包更Q弹，让面条有嚼劲，让火腿含脂少，让酸奶更浓郁"。这里还有全世界唯一的以海藻与健康为主题的沉浸式体验场馆，参与研学的学生可以在复原的海底地形和海洋生态中漫步，聆听大自然的声音；亲手制作海藻冰沙、海藻燕窝、水晶蛋糕等海藻美食，现场品尝它们独特的口感；为家人朋友们制作面膜、手工皂等护肤礼品，作为青岛独特的伴手礼；通过海藻鱼子酱实验、海藻美容体验、"果冻"创可贴实验、亲子互动DIY海藻手膜等动手实践，感受海藻的神奇。

（二）海洋类课题研究

组织中小学生开展海洋类课题研究是深化中小学生海洋教育的重要方式。课题研究可以激发学生探究的兴趣，促进他们的深度学习，强化他们对于科学思想方法的理解，引导他们运用发散性思维、创造性思维方式，像科学家那样有所发现、有所创造，形成科学研究的必备品格和良好习惯。这对于推动中小学海洋教育深入发展、培养海洋专业人才是大有裨益的。

2015年，国际著名海洋地质专家哈克博士考察了青岛三十九中（中国海洋大学附属中学）之后留下一句感叹："这是我见过的世界上科学教育做得最好的学校之一，不久的将来这里一定能培养出诺贝尔奖获得者。"他之所以做出如此评价，是因为青岛三十九中在海洋教育过程中始终坚持课题研究性学习。在青岛三十九中，课题研究是每位高中学生的必修课程。学生在中国科学院海洋研究所、中国海洋大学等一系列专业指导老师的带领下，或走进专业实验室动手实验，或走上街头开展调查，或在学校里或家里开展创意设计，积极参与海洋类课题研究，实践动手能力、逻辑思维、综合分析能力及团队合作能力等都得到极大的提高，还形成了一系列优秀的课题，例如，对青岛地区食用海鲜体内微塑料含量的调查研究、制作可降解保鲜膜、实验室条件下晒制海盐、Q235钢在海水中的腐蚀行为研究、不同环境对绿萝生长的影响、重金属对丰年虾生长的影响、微生物制剂对藻类生长影响、3D打印技术、阴离子杀菌性研究、海月水母的习性与繁育研究等都得到了海洋专家和有关方面的好评。

青岛中学采取与自然资源部第一海洋研究所（简称"海洋一所"）合作推出"海底两万里"海洋科学项目研究课程的方式组织学生开展海洋类课题研究。海洋一所专家走进校园，为师生带来了海岸带管理、海洋环境、海洋生物、海洋腐蚀、极地科考等海洋项目研究课程。2022年，青岛中学特聘物理海洋、海洋地质、海洋生态和海岸带四个领域出类拔萃的四位青年专家引领学生进行"海洋酸化的成因与应对""沉积环境中微小生物蛋白石的提取""鉴定与环境指示""海岛的认知、探究与保护""海洋地质调查的方法与实践"的课题研究。四位专家分别走进校园十余次，带领学生进行各专题的发展前沿介绍、实验室探究、专业数据处理与分析等科研工作。参研学生被专家渊博的知识、高超的科研水平深深吸引，他们在专家的悉心指导下完成了课题的实验探究、报告撰写等工作。结题时，海洋一所和青岛中学共同举办答辩活动，参与答辩的学生分别对自己的海洋科学项目研究报告进行了阐述，评委们给予认真的专业点评。学生在答辩过程中展现出来的系统分析角度、专业数据图表分析、多学科交叉思想论述、创新观点解读等深受专家们的好评。专家们认为参与答辩的学生对研究课题理解深刻，专业阐述系统清楚，表现出高中生不一般的科研能力，同时对研究报告中的思路、数据和结论作出了专业性指导，以帮助参与答辩的学生进一步修改、完善研究报告。在此基础上，答辩活动还评出一、二、三等奖，对学生的科研工作进行鼓励。青岛中学目前拥有海洋研究中心、海洋化学、海洋生物学、水产养殖学、海洋地质学、物理海洋学6间海洋科学类功能教室与实验室，空间充足，设备齐全。青岛中学与海洋一所建立海洋类课程与教学研究合作关系，为培养海洋科学类人才做好启蒙与基础性工作。[①]

---

① 来源于"海底两万里课程"之青岛中学—海洋一所海洋科学项目研究答辩活动。

（三）海洋文化校园建设活动与海洋文化活动

校园文化是学校教育的一个重要组成部分，是一所学校独特的精神风貌的反映。抓好校园文化建设，有利于全面实施素质教育，促进学生健康成长和全面发展。苏霍姆林斯基说过的"我们的教育应当使每一堵墙都说话"，就是强调学校环境对于育人的重要性。中小学实施海洋教育，应引导学生积极主动地参与海洋文化校园建设活动。

组织学生参与海洋文化活动是中小学实施海洋教育的重要途径。中小学海洋文化活动形式多种多样，如海洋节庆活动、海洋新闻采访活动、海洋调查研究活动、海洋文艺活动、海洋绘画活动、海洋科技活动、海洋体育活动、海洋宣传活动、海洋志愿者活动、海洋专题报告活动等。

青岛市自2015年起，每年在全市举办一届中小学海洋节。中小学海洋节是青岛市中小学生学习海洋知识、增强海洋意识、发展海洋素养、建设生态文明、展示海洋教育成果的重要平台，活动内容丰富多彩，包括海洋知识竞赛、海洋科普讲解大赛、海洋绘画大赛、海洋原创征文大赛、"海洋探索奖"评选、海洋科普进校园等一系列特色活动，每年吸引数十万中小学生参加，成为全市中小学持续时间长、参与学生广、教育成果多的全市性中小学学生特色节庆活动。青岛市中小学海洋节赛事活动不断升级，品牌影响力持续扩大，主办单位不断增加，支持保障力度不断加大。青岛市大批中小学生通过海洋节庆活动等海洋教育，培养了动手实践能力，增强了海洋意识，促进了自身全面发展；许多学生借助海洋节庆平台等深度融入海洋教育，一步一步成长为海洋领域的后备专门人才。

丰富培训方式指的是采用多种形式和途径进行培训，包括线上学习、观摩研究、交流研讨等；借助现代技术手段，提供便捷的学习资源，支持参训人员的个性化学习和专业成长。本章着重研讨了中小学海洋教育师资队伍培训方式中的基于胜任力提升的培训、重在教师专业成长的培训、参与式研学指导师培训。

● 基于胜任力模型的培训

● 重在教师专业发展的培训

● 参与式研学旅行指导师培训

第一节　基于胜任力模型的培训

基于胜任力模型的培训模式，突出了培训的深层着力点，兼顾了影响一个组织和组织内人员的内外环境因素，十分适合系统战略背景下对大量人员开展多样化的培训。

有了对培训和培训体系构建的认识，掌握基于胜任力模型的培训模式的关键在于掌握胜任力和胜任力模型、教师胜任力及其胜任力模型、海洋教育教师和海洋研学导师胜任力行为特征以及基于胜任力模型的培训体系。

一、胜任力和胜任力模型

（一）胜任力

"胜任力"概念发端于20世纪的美国，首次系统地提出这一概念的是哈佛大学心理学教授戴维·麦克利兰（David McClelland）。1973年，麦克利兰教授发表《测量胜任力而非智力》[①]，指出传统的能力或智力测验不能够很好地预测人们未来的职业生涯的其他重要成就，要从现实的第一手材料入手，挖掘能直接影响工作业绩的个人条件和行为特征；那些在工作中业绩卓越的人员与业绩一般的人员之间的区别不是其学习能力，而是因为具有动机、特质、自我形象、态度或价值观、某领域知识、认知技能、行为习惯等可以被可靠计量或计数的个人特征，即胜任力。这一观点，掀起了国际上对胜任力研究的热潮，其研究领域从企业界延伸至各行各业。

在英文中，关于胜任力有两个相近的词汇交替出现：competency和competence。其实，这两个词的含义是有所区别的。麦克利兰教授认为：

---

① McClelland D C. Testing for competence rather than intelligence［J］. American psycholigist, 1973, 28（1）: 1–14.

competence是指个体履行工作职责和取得绩效的能力，而competency则集中关注个体在一个特定情景下的实际行为表现和绩效。中文翻译时对这两个词常常不做区分，统统翻译成"能力""胜任力""胜任素质""胜任特征"等。现在，不少学者认为这两个词有合并的趋势，因此本章中不做学术化的细致区分，统一使用"胜任力"。

基于麦克利兰有关胜任力的界定与分析，国内外专家学者提出了关于胜任力的多元化看法与解释。王科（2016）在《基层公务员政治胜任力提升研究》一文中综合国外研究给出的胜任力定义，将其分为特质论、行为论和绩效论三类，阐述如下。

特质论：该观点认为胜任力是一种个人特质或者一系列习惯（McClelland，1973），凭此可以获得更有效或更优质的工作绩效。Boyatzis（1982）将胜任力描述为一些潜在的个体特质，同卓有成效的工作绩效随机相关（变量之间的相应影响）。Spencer（1993）认为胜任力是通过工作经验、生活体验、学习或者培训得到的一些技能和能力。Mirabile（1997）认为胜任力是伴随着工作中高水平绩效的知识、技能、能力和特征，如领导力、动机、信仰、价值。Jackon and Schuler（2003）将胜任力定义为技能、知识、能力和其他一些特征，人们需要这些特征来有效地履行工作。Dubois（1998）认为胜任力是这样一些特征，知识、技能、思维模式、观念图谱等，单独或者联合使用可以产生良好绩效。

行为论：该观点认为胜任力是工作中能够表现出的，可以观察的技能或者能力（Jacobs，1989），通过这些行为能够成功地完成管理任务。Marrelli（1998）认为胜任力是可以测量的人类的能力，这些能力是有效的工作绩效所要求的。Intagliata等（2000）认为胜任力提供了一种以行为作为术语的方法来定义领导者需要做什么，从而实现组织所需要的结果，并且以同样的方法来构建自己的文化，各层级的领导者都需要这样一个北极星式的导航，协同合作并且产生更加显著和一致的效果。加拿大财政部秘书处（1999）认为胜任力是履行工作中所需的知识、技能、能力和行为，它们是同达成组织的运营战略目标密切相关的必备手段。

绩效论：该观点认为胜任力等同于绩效，胜任力和绩效之间没有差别，绩效标准就是胜任力的标准。例如，英国国家职业资格委员会（1997）将胜任力定义为一种绩效标准，可以履行工作所要求的角色标准或者满足工作的标准。[①]

我国学者对于胜任力也给出了多种解释，例如，王重鸣等（2002）认为，导致高管理绩效的知识、技能、能力以及价值观、个性、动机等特征，即为管理胜任力[②]；仲理峰等（2003）认为，胜任力特征是能把某职位中表现优异者与表现平平者区别开的个体潜在的、较为持久的行为特征[③]；彭剑锋（2003）认为，胜任力是指个人能够获得高绩效所必需的一系列特征总和，包括知识技能和自我动机等因素[④]。

总的来说，胜任力始终关注的是在某一岗位或某一群体中表现优秀的那些人员所具有的特征。其内涵为胜任力与工作绩效有着密切的关系，甚至可以预测组织内人员未来的工作业绩；胜任力与工作情景相关联，具有动态性，可以经过培训得以发展；胜任力能够区分绩效优秀者与绩效一般者。胜任力特征不仅包含知识、技能等可以直观测量到的因素，还包括个人潜在的、深层次的动机和特质等因素。胜任力特征是具有鉴别性的，并不是每一个组织内人员具有的特质都被认为是胜任力，需要满足内涵所包含的三个方面。胜任力不是一成不变的，它会随环境、个人学习等方面发生改变。

关于教师胜任力的定义，目前学界也没有达成共识。

邢强等（2003）认为，教师胜任力指教师个体所具备的、与实施成功教学有关的一种专业知识、专业技能和专业价值观。它隶属教师的个体特征，是教师从事成功教学的必要条件和教师教育机构的主要培养目标。[⑤]

徐建平（2004）提出，教师胜任力是指在学校教育教学工作中，能将高

① 王科.基层公务员政治胜任力提升研究［D］.武汉：中南财经政法大学，2020：7-8.
② 王重鸣，陈民科.管理胜任力特征分析：结构方程模型检验［J］.心理科学，2002（5）：513.
③ 仲理峰，时勘.胜任特征研究的新进展［J］.南开管理评论，2003（2）：6.
④ 彭剑锋.人力资源管理概论［M］.上海：复旦大学出版社，2003：240-244.
⑤ 邢强，孟卫青.未来教师胜任力测评：原理和技术［J］.开放教育研究，2003（4）：39.

绩效、表现优秀的教师与一般普通教师区分开来的个体潜在的特征，主要包括能力、自我认识、动机以及相关的人格特点等个人特征。[①]

滕珺等（2013）指出，联合国对于教师胜任力的定义是教师技能、特质和行为的结合，具有教师胜任力可以在教师岗位上有较好表现。[②]

顾佳（2019）认为，教师胜任力主要包括教师这一职业的通用胜任力、核心胜任力与专业胜任力，而专业胜任力终将会渗透学科核心素养的内容，核心胜任力包括学科知识、教学技能等个人特性。[③]

赵彦玲（2020）把教师能够胜任其工作岗位并产生优秀工作业绩的知识、技能、动机、心理特质和自我概念的总和界定为教师胜任力。[④]

唐艺祯（2020）认为，教师胜任力的内涵包括与实施成功教学有关的专业知识、专业技能和态度价值观。[⑤]

秦自洁等（2020）对教师胜任力进行了细致的划分，将其分为显性、隐性胜任力；其中，前者指知识和专业技能，后者指教师自身特有的包含价值观、道德素养、个性、动机等在内的多方面能力。[⑥]

综上可知，学者们普遍认为教师胜任力是能促进教师成功开展教育教学工作的各项能力特征的总和。这些特征包括容易发现和发展的显性特征以及不易被发现的隐性特征，而这些不易被发现的、内在的深层特征是影响教师进行有效教学的关键因素。

（二）胜任力类型

胜任力模型（Competency Model）是指达成某一绩效目标的一系列不同胜任力要素的组合，是一个由胜任力特征要素组成的胜任力结构。胜任力模

①徐建平. 教师胜任力模型与测评研究［D］. 北京：北京师范大学，2004：23.

②滕珺，曲梅. 联合国未来胜任力模型分析及其启示［J］. 中国教育学刊，2013（3）：5.

③顾佳. 新手型小学数学教师胜任力研究［D］. 成都：四川师范大学，2019：12.

④赵彦玲. 培智学校教师胜任力的现状研究［D］. 上海：华东师范大学，2020：18.

⑤唐艺祯. 中小学教师核心素养教育胜任力及培育研究［D］. 重庆：西南大学，2020：9.

⑥秦自洁，侯喜军. 基于高职"双师型"教师胜任力模型的教师队伍优化管理［J］. 常州信息职业技术学院学报，2020，19（3）：82-84.

型包含了岗位一定要拥有的各种胜任力特征，即要做好一项特定任务需要具备的胜任力要素总和，其内容由胜任力的名称、胜任力的定义以及行为指标等级三个部分构成。根据胜任力概念的定义，胜任力模型也应该包括两个部分：一是可见的、外显的特征要素（如知识和技能），这些特征要素容易被了解和测量，也容易通过培养来改变和发展，但是不能预测或决定它们是否会成为人们的卓越表现；二是深层次特征要素（如社会角色、自我认知、动机），它们决定了人们的行为特征和卓越表现。

目前通常使用的胜任力模型主要有两种：冰山模型（图2-1-1）和洋葱模型（图2-1-2）。

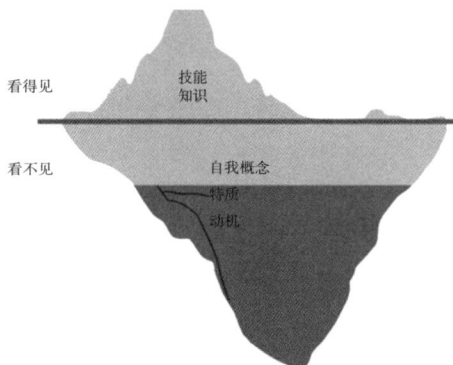

图2-1-1　胜任力冰山模型　　　　图2-1-2　胜任力洋葱模型

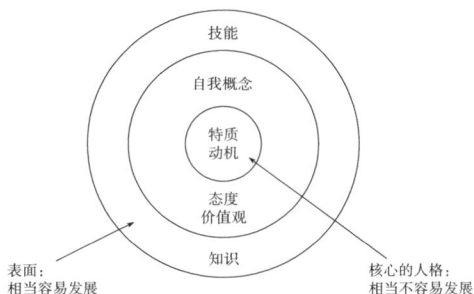

胜任力冰山模型强调五种胜任力要素：动机（motives）、特质（traits）、自我概念（self-concept characteristics）、知识（knowledge）和技能（skills）。知识和技能处于冰山上，最容易被改变。动机和特质处于冰山下，最难以被改变和发展。自我概念则介于二者之间。根据胜任力冰山模型，我们可以将胜任力想象成在水中漂浮的一座冰山。其中，水上部分代表表层的胜任力，如知识，技能；水下部分代表深层的胜任力，如自我概念、特质和动机。与水上的外显部分相比较，水下的内隐性特征是一些深藏的、不易被发现的特征；虽然这部分特征难以观察到，即便经过后天培训也不易获得，但它们恰恰是区分绩效高低的关键所在，甚至起到决定性作用，因而应特别重视。

胜任力洋葱模型是在优化冰山模型的基础上构建起来的。它将胜任力特征的各种要素进行了分类，层层递进，不断深入，更具有层次性。洋葱模型清楚地反映出胜任力特征具有内外层次之分，由其中心向外推及，特征要素越来越易观察和培养；反过来，越向内层，特征要素越较难观察和习得。例如，知识与技能是位于洋葱模型最外层的特征，比较容易观察、评测，后天培养即可获得；自我概念等列居中间层；特质和动机是最核心的内容，它们最不容易习得和评估，只能通过推测加以判断。

关于教师胜任力模型的构建，总起来看有两种的取向：一种是推崇以技能为本的胜任力模型，另一种是推崇以素质为本的胜任力模型。这两种模型都重视如何在技能、素质、个人效能、知识和理解等不同的特征要素之间取得平衡；前者强调技能和表现的重要性，后者则强调个人效能、解决问题的技巧和良好的判断力等素质的重要性。

徐建平（2004）在《教师胜任力模型与测评研究》[1]一文中，将教师胜任力特征分两类：一类是基准性胜任力特征，即指完成工作所必需的普通素质，以及胜任某一职位、某一行业所需要的共同性特征，这是作为教师必须具备的；另一类是鉴别性胜任力特征，即指能区分优秀绩效与普通绩效的胜任力特征，简单地说，就是某一职位、某一行业优秀者区别于普通者的独特性特征，具有一定的区分度，也可用于人才选拔。徐建平（2004）构建的我国教师胜任力模型见表2-1-1。

表2-1-1　我国教师胜任力模型

教师共有的胜任力特征	组织管理能力	正直诚实	创造性
	宽容性	团队协作	反思能力
	热情	沟通技能	尊敬他人
	分析性思维	稳定的情绪	
优秀教师胜任力特征	提升的动力	倡导责任感	理解他人
	自我控制	专业知识与技能	情绪觉察能力
	挑战与支持	自信心	概念性思考
	自我评估	效率感	

[1] 徐建平. 教师胜任力模型与测评研究［D］. 北京：北京师范大学，2004：41.

　　罗小兰（2020）在《中学教师胜任力模型探究》[①]一文中，介绍了9个特征因素群和28项具体的胜任力特征共同构成了完整的中学教师胜任力模型（表2-1-2）。

表 2-1-2　中学教师胜任力模型

因素群	胜任力特征
关系特征	构建和谐师生关系、合作关系、沟通技能、关心学生
成就动机	持续学习、责任心、进取心
长远规划	对学生的积极性建构、长期性发展规划
外界支持	获得认同感、社会支持
认知特征	分析性思维、概括性思维、灵活性、创造性
教学智能	教学技能、专业知识
人格特征	耐心和宽容、热情、影响力、自信
管理能力	教学管理能力、决策力、公平性、信息搜集能力
情绪特性	教育机智、情绪控制、敏感性

　　范文翔等（2022）在《STEAM 教师胜任力模型构建实证研究》[②]一文中，给出了由个人特质与 STEAM 学科基础、创建与维护 STEAM 学习空间、设计与开发 STEAM 学习活动、组织与实施 STEAM 教学活动、专业发展与 STEAM 竞赛指导5个维度31个胜任力要素组成的中小学 STEAM 教师胜任力模型（图2-1-3）。

[①] 罗小兰. 中学教师胜任力模型探究［J］. 教育理论与实践，2010，30（34）：52.

[②] 范文翔，陈盼盼，龚靖. STEAM教师胜任力模型构建实证研究［J］. 开放教育研究，2022，28（4）：90.

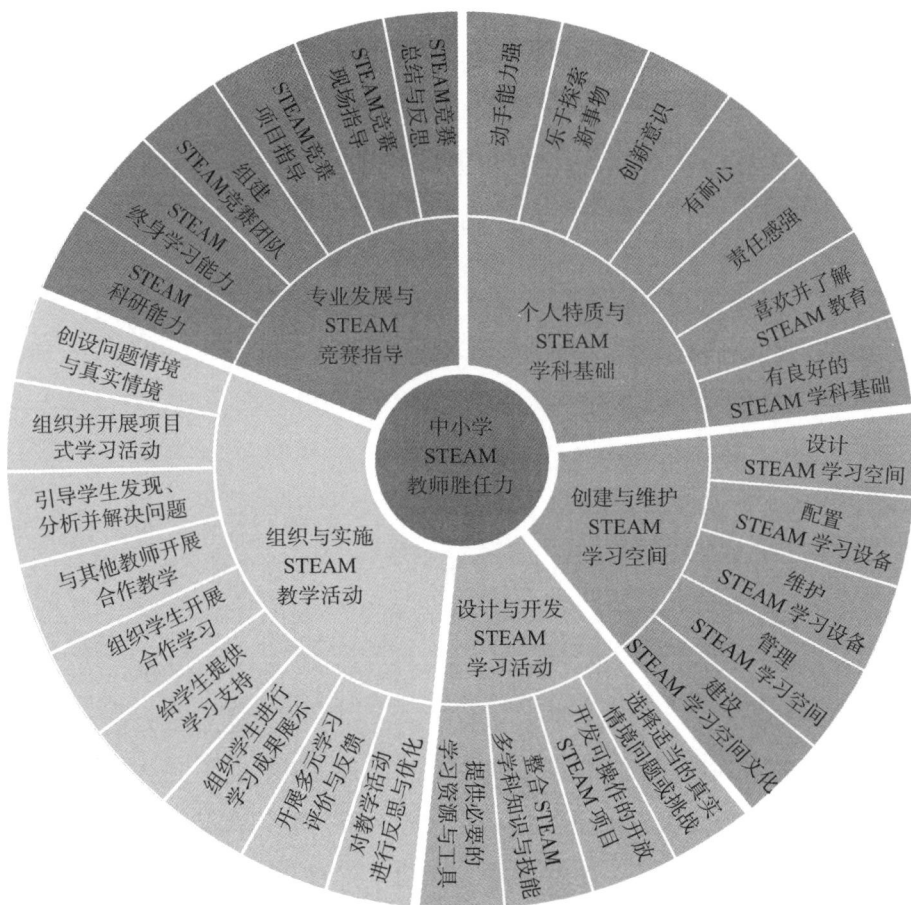

图2-1-3　中小学STEAM教师胜任力模型

　　胜任力模型构建常用的方法有行为事件访谈法、专家小组讨论法、问卷调查法。

　　（1）行为事件访谈法：行为事件访谈法主要用于提炼核心素质，通过访谈选取不同绩效的组织内人员，采集组织内人员行为数据信息，经分析研究从各种行为数据中提取核心素质，再筛选、验证、归类，最终建立胜任力模型。这种研究方法获取的数据资料直观、全面、准确，但花费时间长；访谈主要关注以往工作经历，从中总结提炼的核心素质主要反映个体过往的核心素质，无法确保完全匹配当下或今后发展。

　　（2）专家小组讨论法：专家小组讨论法是成立专家组，以头脑风暴方式开展座谈交流讨论，集思广益，建立胜任力素质初步模型并对其进行验证。这种方法操作简单、节约时间，但专家的主观认识会不同程度地决定最终的研究结果。

（3）问卷调查法：问卷调查法是主要采用设计调查问卷的方式，向调查对象发放调查问卷，通过收集、统计和分析问卷答案得出研究成果的方法。这种方法获取的调查资料数据更加全面详细，通过专业的统计分析软件批量分析获取的调查结果能真实反映调查对象的需求和建议，过程高效，数据全面，性价比高。

二、中小学海洋教育师资胜任力

中小学海洋教育师资胜任力包括海洋教育教师胜任力、海洋研学导师（包括海洋研学旅行指导师和基地、营地研学实践指导教师）胜任力。

（一）海洋教育教师胜任力与胜任力模型

为了胜任海洋教育工作，中小学学科教师应全面学习海洋知识，提高自身的海洋认知水平，科学地设计海洋教育活动，提高海洋教育的有效性；要加强海洋教育理论的学习，掌握海洋教育的规律和特征，增强用科学的教育理论指导海洋教育实践的自觉性和主动性；要加强海洋教育的实践研究，找到中小学海洋教育的有效实施途径；要勇于探索、善于创新，不断总结经验，实现中小学海洋教育的多元化；要深入了解学生对于海洋教育的需求，探求学生发展海洋素养的规律，真正把培养和发展学生海洋素养的任务落到实处；要重视课题研究，在课题研究的过程中有所发现、有所创新，做一名研究型海洋教育教师。总之，要提升学生的海洋素养，教师首先要提升自身海洋教育素养，并不断地以教师胜任力的构成要素衡量自己的教育行为，形成高水平的海洋教育能力。

为了凸显海洋教育的海洋素养培养导向、提升中小学海洋教育的水平，本研究在查阅大量文献和调查研究的基础上，建构了海洋素养培养导向的中小学海洋教育教师胜任力模型（图2-1-4）。

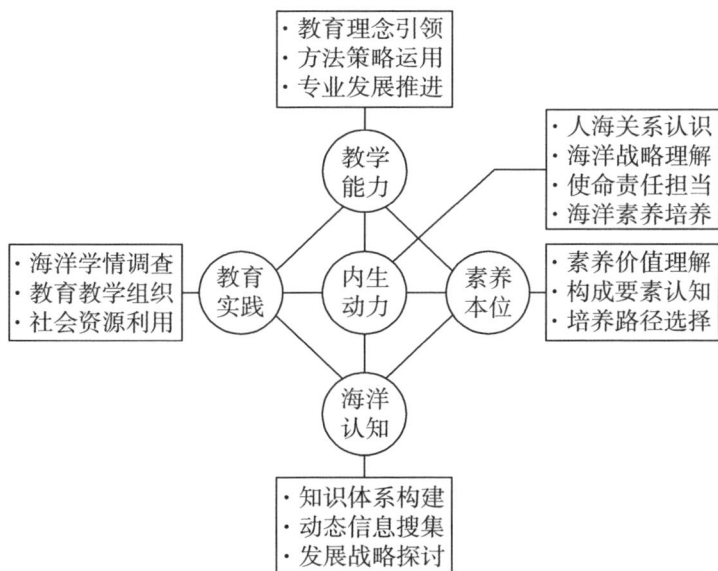

图2-1-4　中小学海洋教育教师胜任力模型

海洋素养培养导向的中小学海洋教育教师胜任力模型所示胜任力行为特征包括内生动力、教学能力、素养本位、海洋认知和教育实践5个维度共16个要素。

内生动力："人海关系认识"指具有对人类与海洋建立和谐共生关系的重要性的正确认识，并建立起科学的海洋价值观；"海洋战略理解"指对构建海洋命运共同体理念和建设海洋强国的重大意义，以及开展全球海洋治理的必要性形成了深刻理解；"使命责任担当"指对建设海洋强国、实现中华民族伟大复兴具有强烈的使命感和责任感，对推动全球海洋治理持有积极的态度；"海洋素养培养"指对海洋教育应以培养学生的海洋素养为导向具有清晰的认识，并积极主动践行这一认识。

教学能力："教育理念引领"指能够通过教育理论学习，以先进的教育理念引领海洋教育教学行为；"方法策略运用"指在海洋教育教学过程中能够科学地运用有关的教育教学方法和策略，提高海洋教育教学水平；"专业发展推进"指注重关于海洋教育教学的专业发展，不断提升海洋教育教学能力。

素养本位："素养价值理解"指能够正确地理解海洋素养的重要意义，在海洋教育教学过程中自觉地培养学生的海洋素养；"构成要素认知"指能够正确掌握学生海洋素养几个层面要素的含义，在海洋教育教学过程中准确地落实海洋素养培养要求；"培养路径选择"指了解中小学生海洋素养的各种培养路径，能够根据教育教学实际有效地选取中小学生海洋素养的培养路径。

海洋认知："知识体系构建"指能够通过学习建构起科学的海洋教育知识体系，明确所担负的海洋教育任务所涉及的海洋知识在海洋知识体系中的地位和作用；"动态信息搜集"指关注海洋动态和信息，并选择适宜的动态和信息创设海洋教育教学情境，引导学生通过探究真实的海洋问题培养和发展有关的海洋素养；"发展战略探讨"指研究国家关于发展海洋事业的战略部署，明确海洋教育教学的方向和重点，优化学生海洋素养的培养和发展。

教育实践："海洋学情调查"指善于对学生关于海洋知识和海洋意识等方面的情况进行调查研究，确定海洋教育教学的起点和重点；"教育教学组织"指能够科学地设计和实施海洋教育教学活动，并保证海洋教育教学活动的有效进行；"社会资源利用"指能够充分利用各种社会资源开展教育教学活动，引导学生在海洋实践活动体验中培养和发展海洋素养。

（二）研学旅行指导师胜任力与胜任力模型

2016年12月，国家旅游局发布的《研学旅行服务规范》指出，研学导师是"在研学旅行过程中，具体制定或实施研学旅行教育方案，指导学生开展各类体验活动的专业人员"。

2019年中国旅行社协会等单位制定的《研学旅行指导师（中小学）专业标准》中，进一步明确了研学旅行指导师的定义，指出研学旅行指导师是"策划、制订和实施研学旅行课程方案，在研学旅行过程中组织和指导中小学学生开展各类研究学习和体验活动的专业人员"。

具体说来，研学旅行指导师指在研学旅行过程中，策划、制订和实施研学旅行课程方案，组织和指导中小学生开展各类研究性学习和体验活动的专业人员，是服务于中小学生、具备教育教学能力和导游服务能力的复合型专业人才，主要是研学旅行相关企业中担任相关职位的人员和中小学教师。

优秀的研学旅行指导师是保证研学旅行质量的重要因素，因此构建研学旅行指导师胜任力模型，采取得力措施培养研学旅行指导师胜任力十分重要。

研学旅行指导师胜任力模型多种多样。例如，桑琳洁（2020）根据胜任力冰山模型，通过文献分析法、工作日志法和行为事件访谈法等多种方法，分知识、技能、特质、自我概念、动机5个维度共40项（表2-1-3）对研学旅行指导师的胜任特征进行了描述。其中，知识维度有6个胜任特征（研学旅行知识：研学旅行政策及法规、安全防范及应急管理、导游基础及导游业务，教育教学知识：课程与教学知识、学生心理知识、研学专题知识）；技能维度有12个胜任特征（课程开发：信息收集、需求分析、快速学习、文字表达、课程设计，课程实施：课堂教学、学生管理、成果管理、评价指导、记录报道、应变能力、沟通能力）；特质维度有12个胜任特征（人格特质：外倾型、领导型、监督型、执行力、亲和力，思维特质：大局观、跨学科、反思型、创新型、服务型，形象特质：良好外观、良好声音）；自我概念维度有4个胜任特征（教育者、安全员、合作者、组织者）；动机维度有6个胜任特征（个人发展、成就动机、经济回报、服务社会、培养子女、服务学生）。[1]

表2-1-3　研学旅行导师胜任力模型（桑琳洁，2020）

公因子	公因子名称	编码	胜任特征	
1	知识K	A1	研学旅行知识	研学旅行政策及法规
		A2		安全防范及应急管理
		A3		导游基础及导游业务
		A4	教育学知识	课程与教学知识
		A5		学生心理知识
		A6		研学专题知识
2	技能S	B1	课程开发	信息收集
		B2		需求分析
		B3		快速学习
		B4		文字表达
		B5		课程设计

---

① 桑琳洁. 研学旅行导师胜任力模型建构与应用研究［D］. 广州：华南师范大学，2020：70-71.

续表

公因子	公因子名称	编码	胜任特征	
2	技能S	B6	课程实施	课堂教学
		B7		学生管理
		B8		成果管理
		B9		评价指导
		B10		记录报道
		B12		应变能力
		B13		沟通能力
3	特质T	C1	人格特质	外倾型
		C2		领导型
		D2		监督型
		C3		执行力
		C4		亲和力
		C5	思维特质	大局观
		C6		跨学科
		C7		反思型
		C8	思维特质	创新型
		C9		服务型
		C10	形象特质	良好外观
		C11		良好声音
4	自我概念C	D1	教育者	
		D11	安全员	
		D14	合作者	
		D15	组织者	

续表

公因子	公因子名称	编码	胜任特征
5	动机M	E1	个人发展
		E2	成就动机
		E3	经济回报
		E4	服务社会
		E5	培养子女
		D3	服务学生

（三）基地、营地研学实践指导教师胜任力标准

基地、营地研学实践指导教师是影响基地、营地研学实践效果的关键因素。

中小学海洋教育基地、营地研学实践指导教师专门从事中小学海洋基地、营地研学指导工作。为了规范中小学海洋基地、营地研学实践指导教师的工作，引导他们提升胜任力水平，本研究通过参考文献、调查研究，参考胜任力模型，初步制定了中小学海洋教育基地、营地研学实践指导教师胜任力标准。

中小学海洋教育基地、营地研学实践指导教师胜任力标准

1.专业认识

（1）认识海洋教育是学校教育的重要组成部分，了解海洋教育对于我国建设海洋强国和学校落实立德树人根本任务具有重要意义。

（2）认识海洋研学是海洋教育的重要实施方式，对于推动海洋教育的开展具有重要意义；热爱海洋研学事业，具有职业理想和敬业精神。

（3）认识海洋研学是研究性学习的重要方面，了解研究性学习是先进的教育手段，对于培养学生素养具有重要意义。

（4）认识海洋基地、营地研学的专业性和独特性，了解海洋基地、营地研学实践指导教师的职责和任务，注重自身专业发展，具有终身学习的意识。

（5）认识职业行为规范、品行端正、为人师表的重要性，注重以人格魅力和学识魅力教育感染学生，做学生健康成长的指导者和引路人。

2. 专业知识

（1）掌握海洋知识。

① 熟悉中小学海洋教育知识体系，具有较高的海洋知识素养。

② 精通所负责的中小学海洋研学领域的海洋专业知识，具有较强的利用海洋专业知识分析、解决有关海洋问题的能力，能熟练地运用海洋专业知识指导学生在海洋研学过程中提升海洋知识水平。

③ 了解新课程的课程体系、课程标准，熟悉与所负责的中小学海洋研学领域相关联的中小学学科知识，以便引导学生利用有关的学科知识进行海洋研学。

④ 关注海洋研究的新成果和海洋事业发展的新成就，能及时地将这些新成果、新成就应用于研学指导中。

（2）掌握教育学与教育心理学知识。

① 掌握现代教育教学理论，了解中小学教育规律，能够按照中小学教育的规律开展基地、营地海洋研学活动。

② 熟悉中小学生的心理活动特征和认知水平，能够据此进行不同学段、不同情况的中小学生海洋研学活动方案的设计和活动方案的实施。

③ 了解新课程改革方向，掌握新课程中的教学观和学生观，熟悉中小学综合实践活动课程内容以及课程资源开发、管理与利用的方法。

④ 掌握研究性学习的意义、特点和规律，增强以研究性学习为主要学习方式的现代教学理念。

⑤ 掌握科学的评价方法，合理选取和运用评价工具，科学规范地评价学生的海洋研学活动。

（3）掌握通用知识。

① 熟悉基本的安全防护救护知识与灾害应急常识，能够确保海洋研学活动中的学生安全。

② 熟悉现代化的信息技术知识。

3. 专业能力

（1）能熟练地掌握研究性学习策略，组织基地、营地海洋研学活动，保证活动的教育目标正确、教育主题鲜明、教学内容丰富，有效地指导学生的研究性学习。

（2）能经常与学校保持联系，了解学情和教情，能根据学校要求和基地、营地拥有的资源两方面考虑，合理设计适合不同年龄段学生的基地、营地海洋研学活动。

（3）能采用多元化评价。评价主体、评价对象、评价内容应多元化，能对学生的研学态度、研学能力和方法、研学结果等方面进行综合性评价。

（4）具备良好的组织管理能力、沟通协调能力和安全保障能力，能确保基地、营地海洋研学活动安全有序地实施。

4. 专业品质

（1）认真学习习近平新时代中国特色社会主义思想，以社会主义核心价值观指导自己的言行，遵守教师的职业行为规范，不出现违背党的路线方针政策的言行，不发表错误观点和编造、散布虚假信息、不良信息，不出现损害国家利益、社会公共利益或违背社会公序良俗的行为。

（2）具有对海洋研学活动的较强使命感和责任担当，积极、热情地组织和开展中小学海洋基地、营地研学活动，精心制订和实施海洋研学课程方案，完成海洋研学目标，让学生拥有快乐而有意义的海洋研学生活。

（3）重视对中小学海洋研学的学习，关注中小学海洋研学的发展趋势，积极参与中小学海洋研学的课题研究，不断提升海洋研学的指导水平。

（4）关爱学生，善待学生，重视学生身心健康，将保护学生生命安全放在首位，维护学生合法权益，尊重个体差异，平等对待每一位学生，不讽刺、嘲笑、歧视学生，促进学生的全面发展。

（5）善于反思和总结经验，乐于借鉴"他山之石"，不断学习现代新技术、运用新技能，不断进行知识的重组融合，探索提高海洋研学效果的新方法，提高海洋研学课程再开发的能力。

（6）富有创新精神，敢于质疑，勇于大胆探索，有所发现，有所创造，不断地推出中小学海洋研学的新成果、开创研学旅行工作的新模式与新途径。

三、基于胜任力模型的培训体系

（一）基于胜任力模型的培训体系及其优势

基于胜任力模型的培训体系是在建立的胜任力模型基础上，分析参训人员的胜任力现状，找出存在较大差异的胜任力特征，将其确定为需要重点培训的关键要素，目的是通过培训弥补岗位所需胜任力要素的不足，帮助参训人员适应组织的战略发展目标、高绩效完成岗位工作，提高组织的核心竞争力。

与注重岗位要求的传统培训体系相比，基于胜任力模型的培训体系以组织的发展战略目标为导向，结合组织自身的特点，通过构建胜任力模型明确岗位胜任力要求，对比分析组织成员胜任力的差距，据此确定培训目标，按照培训流程开展培训，提升参训人员的能力。基于胜任力模型的培训针对性强，培训的效果好。

传统培训体系和流程与基于胜任力模型的培训体系和流程分别如图2-1-5和图2-1-6所示。

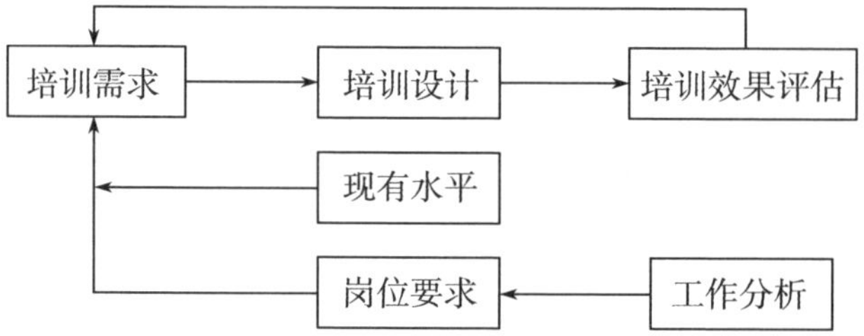

图2-1-5 传统培训体系和流程示意图

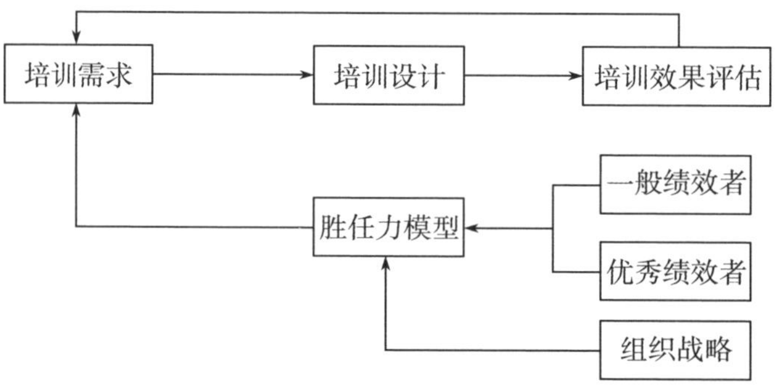

图2-1-6 基于胜任力模型的培训体系和流程示意图

基于胜任力模型的培训体系的优势主要表现在以下几方面。

一是培训内容全面。胜任力模型包含的胜任特征因素全面，既包含提升工作能力须具备的知识和技能，又包含提升工作能力必须具备的个体深层次的特征素质。

二是培训针对性更强。基于胜任力模型的培训利用胜任力模型来分析参训人员的胜任力现状、确定培训内容，有很强的针对性。

三是培训效果显著。基于胜任力模型的培训，在设定预期培训目标时，充分考虑了组织的发展战略目标和岗位职责要求，将培训与组织发展和岗位绩效紧密联系起来，使培训效果大为提高。

四是培训动力十足。基于胜任力模型的培训，目标明确，内容丰富，不但有利于提升组织的核心竞争力，而且有利于参训人员个人素质的发展，有助于提升参训人员参与培训的主动性和积极性。

（二）基于胜任力模型的培训体系的构成

1. 基于胜任力模型培训的需求分析

基于胜任力模型培训的需求分析立足于组织发展战略目标，在胜任力模型基础上，对参训人员的胜任力现状进行分析，找出胜任力差距，从而确定培训目标，设计相对应的培训计划、培训方式、培训课程等。

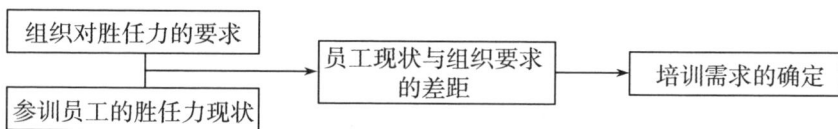

图2-1-7　基于胜任力模型培训的需求分析思路

2. 基于胜任力模型培训的培训计划与培训实施

基于胜任力模型培训的培训计划是在对参训人员胜任力现状分析的基础上，结合培训需求调查分析，确定培训目的、培训时间和地点、培训方式和培训导师等。基于胜任力模型培训的培训实施则是按照相关规章制度，将前期制订的培训计划落实到具体培训活动中，充分调配、科学使用、有序管理各种资源要素，确保按计划完成培训任务。

3. 基于胜任力模型培训的培训效果评估

培训效果评估参照标准为培训前确定的培训目标，主要目的是了解培训目标达成情况、参训人员个人综合素质提升改善情况以及组织整体业绩变化情况。按照培训阶段，培训评估体系可分为三个部分：培训前的预评估、培训中的阶段评估以及培训后的总体评估。培训前的预评估主要是通过培训需求调查，评估制订的培训计划与培训需求之间的匹配度；培训中的阶段评估主要是在培训具体实施过程中，评估参训人员对培训课程的反映和知识掌握程度；培训后的总体评估是培训结束后开展的评估，主要是检验整个培训取得的效果，了解是否达到了培训目的，总结经验，为后续培训提供借鉴。

（三）关于研究性学习

基地研学、研学旅行的核心都是研学，因而海洋研学导师要认真掌握研究性学习的特点、规律和实施策略。

研究性学习是指学生在教师指导下，根据自身的兴趣和需求，从自然科学、社会科学、人文科学和自身生活中选取并确定研究课题，用类似科学家进行研究的方式，主动地获取知识、应用知识、解决问题的学习活动。

研究性学习具有以下特点。

一是主动性。研究性学习的课题由学生根据自己的兴趣和需求选择，因而学生具有很强的探究愿望，在学习过程中便会表现出较高的主动性。

二是实践性。研究性学习是一种真实情境下的学习和探究活动，学习过程是在实践中进行的。学生面对实践自发地研究问题，探求解决问题的方案，在实践中获取知识、积累经验、提高能力、发展素养。学生通过亲身实践获取直接经验，学习结果具有现实意义。

三是自主性。研究性学习的课题是学生依据自身的兴趣和需求自主选择的，研究性学习的过程是学生根据研究的需要通过不同的途径、采取不同的方法、广泛利用各种资源自主推进的，研究性学习的目标是学生运用发散思维从不同角度并运用各种观点来分析、解决问题自主达成的。研究性学习离不开教师的指导和协助，但一切活动都是学生通过自主探究和合作学习来完成的。

四是过程性。研究性学习既重学习的结果，更重学习的过程，学生在过程体验中感受所学知识的应用，体会科学方法的作用，拓展视野，学习新知，提升能力，培养和发展素养。

五是开放性。研究性学习的课题是开放的，可以是自然科学领域的课题，也可以是人文和社会科学的课题；可以是校内的课题，也可以是校外的课题。研究性学习的场所是开放的，可以在学校里进行，也可以到大自然、社区、工矿企业和科研院所里进行。研究性学习的组织是开放的，可以自主进行，也可以自愿结合组成小组进行，还可以与校外有关人员（如科研院所研究人员）联合进行。

研究性学习的实施一般分为课题确定（提出问题）、课题研究（分析和研究问题）、课题结题（解决问题）三个阶段。

1. 课题确定

本阶段的任务是创设真实的问题情境、提供研究范围、布置研究任务，并通过开设讲座、组织参观访问、进行信息交流活动、介绍已有的研究性学习案例等方式，激活学生原有的知识储备和生活经验，诱发学生的探究动机，引导学生确定研究课题。

2. 课题研究

本阶段学生的任务是实践探究，内容包括学生自主探究与合作学习相结合，提出解决问题的假设，搜集信息和处理信息，寻找证据，通过观察、实验、调查等方式，以科学的态度，运用科学的方法，用证据验证假设、得出结论。教师的任务是向学生提供支持和指导，助力学生的探究活动。

3. 课题结题

这一阶段的任务是学生将自己或小组的研究成果归纳整理、总结提炼，形成研究性学习报告并组织答辩，进行各种形式的成果展示，与同学们交流经验、分享成果。

第二节 重在教师专业发展的培训

海洋教育教师的专业发展是中小学海洋教育发展的基础，也是促进学生海洋素养提升的推动力。为了提升中小学海洋教育教师的专业性，应对海洋教育教师进行专业发展的培训。

一、专业发展

（一）教师的专业发展

1.教师的专业发展的含义

教师的专业发展主要是指教师作为专业人员在内外机制的促进下，在专业理念、专业知识、专业能力等方面不断发展和完善，由专业新手教师逐渐向专家型教师成长的过程。

1972年，英国的《詹姆斯报告》第一次提出"培养、任用、培训"的教师教育"三阶段理论"。自此以后，将教师的专业发展贯穿于职前培养和职后进修的全过程，构建"教师教育一体化"的模式成为世界各国教师专业发展的基本方向。所谓"教师教育一体化"，指的是为了适应学习化社会的需要，以终身学习与终身教育思想为指导，根据教师专业发展的理论，对教师职前、入职和在职教育进行全程的规划设计，建立起各个阶段相互衔接的，既各有侧重又有内在联系的教师教育体系。教师专业发展是一个持续的、系统的一体化发展过程，它贯穿于职前、入职与职后的全过程。职前培养、入职教育和在职培训三个阶段并不相互独立、相互隔离，而是彼此衔接、螺旋上升、一以贯之，使教师专业发展成为连续性、系统性、终身性的发展。

在我国，2018年1月20日，中共中央、国务院印发了《关于全面深化新时代教师队伍建设改革的意见》。文件指出："各级党委和政府要从战略和全局高度充分认识教师工作的极端重要性，把全面加强教师队伍建设作为一项重大政治任务和根本性民生工程切实抓紧抓好。""到2035年，教师综合素质、专业化水平和创新能力大幅提升，培养造就数以百万计的骨干教师、数以十万计的卓越教师、数以万计的教育家型教师。"2018年3月28日，教育部等五部门印发了《教师教育振兴行动计划（2018—2022年）》，明确指出"全面提升教师素质能力，努力建设一支高素质专业化创新型教师队伍"。这两个文件的重要意义在于将教师视为教育的第一资源，将教师的发展置于首位，使我国教师专业发展进入新的改革阶段。

教师专业发展现已成为当前教育改革关注的焦点，进一步理解和把握教师专业发展的内涵和实质，探索教师专业发展的途径和模式，努力实现教师专业发展的目标，已成为中小学教育发展工作中的当务之急。

2.教师专业发展的结构与内涵

教师专业发展的结构包括专业理念、专业知识、专业能力。专业理念指的是教师自身所秉持的教育信念、观念，其内容涉及对职业的理解与认识、对学生的态度与行为、教育教学的态度与行为、个人修养与行为。专业理念受教师的成长经历、个人性格和教育知识背景的影响。专业理念是教师专业发展的根基。只有具备正确的专业理念，教师才不会没有奋斗的动力、方向。专业知识包括教育知识、学科知识、学科教学知识、通识性知识。专业知识是每位教师从事教学工作必不可少的基本知识，它能够保障教师进行有效教学。专业能力表现在教学设计、教学实施、教育教学评价、沟通与合作、反思与发展等方面，是教师的立身之本。在教师的专业发展中，专业理念、专业知识、专业能力都是不可或缺的因素。

教师入职培训是保证学校人力资源质量的首要关口，为学校聘用合格教师提供前提。教师入职培训是新教师岗位定向的主要途径，新教师由此了解学校的组织文化，掌握基本工作技能，逐步适应学校的组织环境和岗位工作要求。

教师在职培训是保持教师持续的专业发展的平台，为学校教育教学带来变革元素和发展活力。

教师培训构筑起有效支持和促进教师学习和专业发展的平台，有效实现学校组织发展和教师个体发展的双重目标。

教师专业发展的内涵表现在专业性、发展性和过程性三个方面。

专业性：从教师职业不可替代的角度出发，教师专业发展是一种专门职业素养提升。

发展性：从教师所处的环境背景的角度出发，教师专业发展是教师内在和外显的成长变化历程，并通过教师专业发展环境的变化凸显时代赋予教师的职业使命和责任担当。

过程性：从教师专业发展的不同阶段的角度出发，教师专业发展是一个连续不断的上升过程。

教师专业发展的影响因素包括内在因素和外在因素。外在因素包括社会环境、工作环境、教育教学实践中的特定事件等，内在因素包括职业精神、职业理想、自主意识、自主能力等。

（二）海洋教师师资队伍的专业发展

随着人类对海洋开发利用程度的不断提高，关于海洋资源、海洋污染、海洋权益等方面的问题逐渐显露出来，使得全球海洋治理迫在眉睫，而实施海洋治理首当其冲的是解决人类的海洋观念问题；随着人类对海洋认识与研究的逐步深入，关于人类与海洋和谐共生的观点越来越受到国际社会的关注，人类与海洋和谐共生方面的研究成果需要得到广泛认知和应用，以促进人类社会的可持续发展；我国的海洋强国建设蓬勃发展，迫切需要全民海洋意识的提升以及加快海洋人才的培养，以促进中华民族伟大复兴，并践行全球海洋治理的中国方案，积极推进海洋命运共同体的构建。这一切，决定着我国的海洋教育尤其是中小学海洋教育必须加快发展。

有效地实施中小学海洋教育，必须建立强有力的中小学海洋教育师资队伍，根据海洋事业和教育事业发展的需求，运用海洋研究和教育研究的新成果。不断地促进海洋教育教师的专业发展则是保持中小学海洋教育师资队伍活力的重要保障。

中小学海洋教育师资队伍是一支年轻的师资队伍，却又承担着重要的海洋教育任务。中小学海洋教育师资队伍成员一方面要掌握海洋教育的理论，明确海洋教育的任务，掌握海洋教育的内容，熟悉海洋教育的方法；另一方面要增强海洋教育的责任担当，激发开展海洋教育的积极性和主动性。这样，才能有效地推进海洋教育。为此，需要遵循教师专业发展的一般规律，结合海洋教育的需求，采取得力措施，促进海洋教育教师的专业发展。

培训是促进教师专业发展的重要途径。中小学教师（包括海洋教育教师）的培训，从培训的集中程度来看，主要包括统一组织的校外集中培训（长期的或短期的）、校本培训以及教师的自主进修；从培训的实施方式来看，主要包括线下培训（如导师面授培训）、线上培训（如"互联网+"培训）。

二、校本培训与教师专业发展

（一）校本培训的含义与特点

校本培训是指在教育专家的指导下，根据学校预定的教育目标及发展规划，以教师任职学校为基本培训单位，以学校教育教学中存在的问题为着眼点，以提高教师教育教学能力为主要目标，通过教育教学和教育科研活动来培训全体教师的一种全员性继续教育形式。海洋教育校本培训注重为教师导航，触发教师海洋教育的自驱力，提升教师海洋教育的教学技能，最终形成一种学校与教师共同发展的海洋教育研修文化。校本培训是促进海洋教育教师专业发展的重要途径。

校本培训具有以下特性。

1. 基地性

学校是教师彰显教育思想、践行教育理论、开展教学活动、创造教育业绩的场所。校本培训强调以教师所在学校为主，根据学校自身发展的需要，充分利用校内外资源，开展旨在满足学校发展及教师需求的校内培训活动，实施起来方便，易于落实。

2. 针对性

校本培训基于学校教师的教育教学现状与发展潜力分析，以解决学校教育教学中存在的问题为着眼点，培训的起点和归宿都是学校发展和教师专业成长。校本培训以教师的专业发展，促进学生的全面和谐发展，推动学校整体办学水平的提升，实现学校的可持续发展为目标。

3.实践性

任何理论研究如果不结合丰富的实践经验都是苍白而空洞的。校本培训弥补了传统的自上而下的教师培训理论脱离实际的不足，便于理论与实践的结合。现代教育理论、新课程理论、教师专业发展理论等构成校本培训的理论基础，教师的教育教学经验构成了校本培训的实践基础。在校本培训过程中，教师边学习理论边实践、边实践边升华理论认识，可以不断提升教学的理论水平和实践智慧。

4.全员化

终身教育思想是校本培训中贯穿始终的思想。每位教师都有获得成功的渴望，都有追求自我价值的需要，都有很大的有待于开发的潜能。校本培训是每一位教师自我教育的主要途径，教师专业发展是每一位教师终身学习机制中的重要组成部分。校本培训能使教师成为教育教学的研究者、终身学习者和行动反思者。

5.灵活性

校本培训的内容随学校发展和教师的需求而变，校本培训的方式具有多样性，表现出较高的灵活性。

6.实效性

学校教师是校本培训的主体，教师在行动研究和教学反思中，不断学习新经验，不断改进教学实践，不断解决实际教学问题，不断提高专业素质。因此，校本培训对于促进教师专业发展具有很强的实效性。

（二）校本培训与海洋教育教师专业发展需求

为了促进海洋教育教师的专业发展，校本培训的实施应满足如下需求。

1.海洋教育教师的学习需求

海洋事业的发展，海洋科技的进步，海洋教育的深化，给海洋教育教师提出了更高、更新的要求，海洋教育教师要想使海洋教育顺利实施并达成目标，就必须对海洋教育的实施有清晰的认识，积极地适应形势所发生的变化和提出的新要求。

在海洋教育的校本培训中，每位教师既是培训者又是参训者，学高为师，教学相长。学校应创造民主、和谐的氛围，引导教师积极参加、主动交流。在学习方式上，可以采用通识培训和教材培训相结合、集体学习与教师自学相结合、专家引领与集体研讨相结合的方式。这种培训方式既能提升教师的理论素养，引导教师结合教学实际进行研究，具有较强的针对性和实效性；又能增大教师的交流空间，拓展教师的思路，推动教师的专业发展。

2. 各类海洋教育教师的不同需求

中小学海洋教育教师中，既有专职教师，又有兼职教师，还有教学中需要渗透海洋教育的学科教师；既有缺乏经验的新教师，又有经验丰富的老教师，他们层次不同，经历不同，有着不同发展的需求。为此，校本培训应采取分层培训的方式，满足各类教师的不同需求。

对于海洋教育专职教师、兼职教师，应重点引导他们加强对于海洋教育的理解，使他们全方位地熟悉海洋教育，提升设计和实施海洋教育教学活动的能力。对于教学中需要渗透海洋教育的学科教师，应重点引导他们了解海洋教育的任务和目标，增强海洋教育的责任担当，熟悉海洋教育与学科教学融合实施的策略，实现海洋教育与学科教学的双促进。

对于缺乏经验的年轻教师，可委派有丰富经验的老教师指导他们了解海洋教育教学的常规工作，帮助他们培养敬业爱岗精神、熟悉海洋教育内容、理解海洋教育任务和目标、掌握海洋教育策略，从而使他们具备海洋教育教学的能力。对于经验丰富的老教师，可提供条件，在校、区展示自己的教育教学，使他们得到进一步锻炼，努力提高适应海洋教育不断深化发展的能力，争取成为海洋教育骨干。

学校要建立共同愿景，满足各个层次教师的发展需要。学校愿景是一所学校的教师共同持有的对未来希冀的景象，它能创造出"众人一体"的力量，并使这种力量遍布整个学校的各种活动中，在促进教师专业发展的同时实现学校各项工作的有机结合。

3. 海洋教育教师的自我展示需求

学校应为海洋教育教师的成长提供、搭建与其他学科教师平等发展的展示平台并建立激励机制，让他们有机会展示自己的业绩以及体验成功的喜悦，从而促进他们的专业发展。

（三）校本培训的实施

中小学海洋教育教师的校本培训模式与通用的校本培训模式基本一致，需要抓好以下环节。

1. 加强培训管理

（1）"研训一体化"，引领教师专业发展。

"研训一体化"的校本培训立足于教师的长远发展，通过新教师→合格教师→骨干教师→学科带头人阶梯式引导教师专业发展。教师应根据自身的实际情况在教师成长阶梯中定位，确定专业发展的起点，明确专业发展的目标。学校则应对教师的专业发展进行阶段性监督引导，实施分层培训、分层指导和分层提高，促进教师的"自我更新"。这一模式不仅能够调动教师参加培训的积极性和主动性，更能够激发教师在培训中的创新力。

（2）建立成长档案，激励教师专业发展。

对于教师而言，树立自我发展的意识才能够更加积极地投入培训过程。学校要建立校本培训的长效管理机制，激发教师参与培训的自觉性和积极性，使参与培训成为教师提升自我的自发行为。为此，学校要建立教师成长档案，激发教师自我发展意识，促进教师专业发展。

2. 丰富培训形式

校本培训不应当拘泥于单一的形式，而应当积极地探究多元化的研训活动，形式如下。

"主题式"培训：指根据中小学教师专业发展需求，确定一个教师最感兴趣的、亟待解决的研究主题组织校本培训，促进教师的专业发展。

"菜单式"培训：指学校结合发展目标和教师培训需求，为教师提供"必选+自选"培训内容，让每位教师选择自己感兴趣的培训内容进行培训学习，使教师的专业发展真正落到实处。

"体验式"培训：指学校组织的以任务驱动的校本培训，让每一位教师都带着一个任务参与到培训学习中来，在完成任务的"体验式"培训中实现专业发展。

"自主式"培训：指每位教师都是一个独立的个体，他们既是参训者也是培训者，相互学习，共同成长，把教师培训视为人的全面发展的培训，即

"以人为本"的培训，以此来促进教师的专业发展。

3. 建立保障制度

要保障校本培训工作的顺利进行，规范校本培训的管理，使校本培训工作能真正促进教师提升、促进学校发展，就必须用相应的制度进行规范。

4. 搭建交流平台

教师专业发展的主战场在校内，因此学校应围绕校本培训，为教师创造条件、提供载体、搭建平台、开展活动，组织教师展现教育教学成果，营造教师专业发展的生态环境。

（四）校本培训中的备课组作用

为了有效地实施海洋教育，各中小学都设立了海洋教育备课组。海洋教育备课组具有与学科备课组相同的功能，不仅在海洋教育教学中发挥着十分重要的作用，还对海洋教育教师的专业成长具有强有力的促进作用。

备课组是指学校教研组下设的，由同年级同学科教师组成的教学和教研基本组织。备课组教师在相互理解、相互帮助、相互合作的过程中，采取各种形式就本学科的教育教学问题展开对话和讨论，从而在建立和谐的人际关系的同时提升自身素养和学科教育教学质量。因此，学校备课组是教师专业发展的重要平台，有力地支持着教师的专业发展。

为了推动教师的专业发展，进一步提升教育教学质量，实现学校的发展战略目标，必须加强备课组的建设。备课组的建设主要包括备课组的目标建设、团队建设、活动建设、文化建设和制度建设。

课题备课组的目标建设：指的是备课组的每位教师都要确立自己的发展目标，明确自己的发展方向，在此基础上备课组内教师共同制定备课组的发展目标。备课组的共同目标是备课组教师个人目标与备课组目标的协调与统一。这样的共同目标有利于凝聚备课组教师的力量，形成一种向心力，促进备课组的建设和发展，并在无形中使教师向专业发展的目标慢慢靠近。这正如有的学者提到的，一个群体能否真正促进个体的专业成长，有或没有这类组织并不是最关键的，关键在于这些组织是否具备明确清晰的组织目标以及有利于实现目标的高效的运行机制。

备课组的团队建设：指的是备课组的成员构成。成员构成合理，不但能够保证备课组各项工作的顺利开展，而且能够促进备课组教师专业理念、专业知识、专业能力的综合发展。研究表明，年龄、教龄与教师的专业发展频率存在显著相关，相关方向均呈正值；年龄与备课组教师交流频率、分享频率存在显著相关，相关方向均呈正值。教师考虑专业发展频率、交流频率、分享频率可以用年龄或教龄进行预测。而教师对专业发展的考虑、交流及分享的频率都会影响教师的个人及团队的专业发展。为此，在组建备课组时要考虑组员的各方面情况，做到合理搭配。备课组的每位教师都要强化个人责任感。因为团队中教师的个人责任感增强会对其他教师的责任感增强有一定的正面影响，最终每位教师都会对备课组有归属感，并努力完成自己的工作任务。需要注意的是，只有确保备课组活动的各项行为方案能够全面深入地落实到实际，才能使备课组真正起到改进教学实践、促进教师专业发展的作用。而在此过程中，备课组长扮演着非常重要的角色。一个优秀的备课组长不仅能够协调备课组教师关系、组织和开展备课组活动、调动备课组教师参加各项活动的积极性和主动性，更能够引领备课组教师共同实现专业发展。

备课组的活动建设：指的是备课组活动频率的控制、活动内容设计和活动效果展现。作为能动的个体，每位教师都具备无限的发展潜力，而潜力的开发则需要外在的力量来推动。备课组作为教师专业发展的平台，只有通过一系列有计划的、多样化的备课组活动，并在这个过程中进行一系列教科研活动，才能促进教师专业的全面发展。备课组活动的开展必须具备一定的计划性。首先，备课组教师应该参与备课组活动的策划，而不是由备课组长在没有询问教师意见的前提下一人策划。其次，备课组活动要有长远规划，注意备课组活动的连贯性，即备课组活动的主题之间、内容之间应该具有连续性，而且不断有所拓展、有所递进。再次，备课组活动要做好活动的前期准备，避免每次备课组活动时间过长而影响活动效果。

从活动内容上看，备课组的活动不能仅限于公开课、听评课等。为促进教师专业发展、满足教师专业发展需求，备课组应该在常规活动的基础上丰富备课组活动的内容，如开展专题讲座、外出培训、校际交流或课题研究。

备课组的文化建设：指的主要是备课组教师要相互促进，善于与其他教师沟通、交际，主动对其他教师提供帮助，实现信息和资源的共享，形成交流、分工、合作、共赢的文化氛围。一个组织的文化理念主要是指该组织成员共同具有的、认同的一种价值观念，是一个组织区别于其他组织的独具特色的发展观念，它能够凝聚组织成员，促进组织的发展。建立备课组的组内文化氛围、构建备课组全体成员共同遵循的价值理念，可以激发备课组全体成员的使命感，责任感，凝聚备课组全体成员的力量，是促进备课组工作及教师个人发展的最重要保证。

备课组的制度建设：指的是制度的建立与完善，为备课组健康有序发展提供保障。除了听课制度、评课制度等常规的备课组制度，还要建立健全备课组考核与评价制度，既注重过程评价也要注重结果评价，既注重对学校管理者的评价也注重对教师的评价，既注重外部评价也注重教师个人评价，最终都应该落实到学生的全面发展、教师的专业发展上；建立健全激励制度，以激发教师的合作共享意识以及自我超越意识，使备课组教师形成集体荣誉感，提高备课组的凝聚力，促进教师个人和备课组集体的共同发展。

三、"互联网+" 教师培训与教师专业发展

（一）"互联网+"教师培训促进教师专业发展的意义

"互联网+" 教师专业发展是当今数字化时代教师（包括海洋教育教师）专业发展的重要途径。在数字化时代，优质信息资源可以通过互联网迅速传播和广泛覆盖，教师可以利用网络培训平台、移动学习平台或直播平台等随时随地进行学习，使得教师的专业发展更加灵活、便利、有效。

2018年1月20日中共中央、国务院印发的《关于全面深化新时代教师队伍建设改革的意见》明确指出，"转变培训方式，推动信息技术与教师培训的有机融合，实行线上线下相结合的混合式研修"。

海洋是一个庞大的复杂综合体，认识和研究海洋要涉及自然科学、社会科学和人文科学等知识。海洋信息浩瀚繁杂，海洋研究成果层出不穷，而互联网是展示信息和交流信息的强大平台，因而"互联网+"教师培训对于海洋教育教师的专业发展十分适宜。

从培训目标的角度看，"互联网+"教师培训与教师专业发展的目标更加全面，主要包括帮助教师更新教育理念、拓展学科知识、增强教学实践能

力、提升自我效能感，并全面培养利用信息技术开展教学的素养，成为未来卓越教师。

从培训导师和培训对象的角度看，专家不再是教师培训与教师专业发展的唯一培训导师，教师也不再是被动的培训对象角色。"互联网+"教师培训与专业发展培训使培训导师的范围大大扩展，他们可以是来自不同学校、不同地区的教师同行和专家，每位教师既可以是培训对象也可以是培训导师。

从培训内容的角度看，"互联网+"教师培训与教师专业发展的内容具有情境化、动态生成、碎片化、分布式的特征，更加立足于教师的真实教育教学情境和教学问题；培训内容和提供的资源不再仅是专家提前设计好的，更多的是在培训过程中由参与者不断生成的，内容和资料更加灵活、更加贴近教学实际。

从培训方式的角度看，"互联网+"教师培训与教师专业发展更注重线上、线下、工作现场的混合，强调以探究式和参与式培训引导教师进行主动学习、自主学习，倡导构建虚拟的教师专业发展共同体。

从培训管理的角度看，"互联网+"教师培训与教师专业发展重视采用基于学习分析的过程性支持与评价、开放性的定性评价等，为教师的专业发展提供持续的支持与鼓舞。

从技术环境的角度看，"互联网+"教师培训与教师专业发展的技术多样化，通过Web平台、移动学习终端、社交软件、APP工具、云平台等多种技术与工具为教师专业发展提供支持。

（二）"互联网+"教师培训与教师专业发展的实践形态

"互联网+"教师培训有多种实践形态，如在线研修、混合式研修、基于在线视频资源的非正式学习、构建在线教师实践共同体。

1. 在线研修

在线研修是互联网环境下教师培训与教师专业发展最常见的实践形态，即以在线课程或在线项目的形式支持教师在规定时间或周期内完成在线学习，既有大规模培训在线课程，也有短期培训在线课程，部分远程学历教育也经常采用在线研修方式。这类研修通常学习目标明确，课程内容体系完整，有明确的设计与实施团队，研究层面更关注项目实施的有效性。

在线研修支持同校甚至跨校、跨区域的教师基于网络开展在线教研活动，具有时空灵活性、便利性、开放性，教师可以方便地与其他学校或地区的教师开展交流研讨，促进自身的专业发展。

2. 混合式研修

混合式研修指以线上、线下混合形成的课程或项目，支持教师在规定时间或周期内完成学习的研修方式。混合式研修兼具集中面授与在线研修两种研修方式的优势，因此也成为教师研修模式改革的发展方向。

混合式研修支持教师以线上、线下混合的方式开展教研活动，促进专业发展。混合式教研能够兼顾网络教研的灵活性与面对面教研的社会性和互动性，常应用于不能定期面对面、因工作关系无法经常线下组织或为节约费用而组织的教学研究。

3. 基于在线视频资源的非正式学习

基于在线视频资源的非正式学习指教师通过视频学习和自我反思进行的研修。这种教师培训与教师专业发展的实践形态，既是基于在线视频资源的教师在线自主学习，也是基于课堂教学视频、围绕特定课堂问题进行的教学实践反思。随着在线培训资源的日益丰富，此类实践形态在教师培训与教师专业发展中扮演越来越重要的角色。

支持基于在线视频资源的非正式学习的教师专业发展MOOC（慕课，全称"大规模开放在线课程"）具有规模大、开放性强的特点，促进教师专业发展的潜力巨大。

4. 构建在线教师实践共同体

在线教师实践共同体通常指教师基于互联网参与与教学实践相关的主题讨论和知识分享而形成的在线研修群体。在线教师实践共同体在结构上具有非正式性、开放性、灵活性的特点，其内容突出实践性、生成性。教师在基于在线实践共同体的交流互动中不断生成与自身实践相关的知识、技能、资源等，使专业发展途径由正式学习转向实践中的学习。

现在，越来越多研究者关注互联网环境下教师专业发展新规律，既包括对新环境新模式下教师个体专业学习与发展的规律，如互联网环境中教师专业学习的态度、参与度、知识建构、个体专业网络、反思；也包括对互联网环境下教师群体专业学习的规律，如互联网支持的教师专业发展新模式中教师群体的互动与协作、社会网络关系、社会知识建构、在线专业共同体形成与发展的规律。

（三）设计与实施"互联网+"教师培训与教师专业发展的关键要素

有效设计与实施"互联网+"教师培训与教师专业发展的关键要素包括理论依据、项目设计等。

1. 理论依据

（1）教师培训与教师专业发展理论：该理论是"互联网+"教师培训与教师专业发展的重要理论支撑，一方面作为"互联网+"教师培训与教师专业发展实践模式设计的依据，另一方面又得到拓展而被赋予了新价值。例如，经典的教师培训与教师专业发展理论一直强调构建专业发展实践共同体的重要性，构建专业发展实践共同体在"互联网+"教师培训与教师专业发展中得到了充分的应用并得以进一步拓展。

（2）在线学习与混合式学习理论：在线学习与混合式学习理论是互联网环境下的学习理论，为"互联网+"教师培训与教师专业发展学习项目的设计提供了理论支撑。例如，交互设计理论可用以指导教师在线学习的交互设计，而交互设计是指产品、使用者和使用方式（环境、方式）以及所有与此相关的细节统筹兼顾的一种体验设计，是一种动态设计、开放式设计；探究社区理论模型强调协作建构学习与批判性反思对话，为在线学习和混合学习研究提供了独特的视角、方法和工具，从而成为在线学习和混合式学习领域的有效教学理论。

2. 项目设计

"互联网+"教师培训与教师专业发展需要借助互联网环境实现"以学习者为中心"的教师专业学习新模式，其项目设计应注意"互联网+"教师培训与教师专业发展的以下特点。

（1）个性化：教师在"互联网+"教师培训与教师专业发展过程中，既是学习者又是教学者，往往在年龄、教龄、学习能力、教学经验等多方面存在差异，体现出个性化特点。因此，"互联网+"教师培训与教师专业发展项目设计要体现教师专业发展的差异化，满足教师的个性化需求。

（2）灵活性：教师学习者的学习自主性更强、学习时间更零散，工作与学习之间的矛盾较大。因此，"互联网+"教师培训应该给予教师更多样的自主选择机会，让他们能够自定步调地自主规划安排等。

（3）实践性："互联网+"教师培训与教师专业发展项目的目标、资源、内容、活动等与教师的工作实践关系越紧密，就越能得到教师的认可，教师的参与动机就越强。

（4）重反馈性："互联网+"教师培训与教师专业发展十分重视信息反馈，反馈多来源于研修同伴、导师和平台等。其中，同步或异步的小组讨论、集中的作业互评等方式是重要的信息反馈渠道，利用这一渠道可以促进教师知识的共建共享和能力的共同提升；基于异步论坛答疑、同步视频会议等方式，专家或导师为教师提供专业化、指导性的反馈，促进教师聚焦发展方向、持续反思进步；通过平台自动批阅与信息提示，帮助教师高效自我诊断、及时调整学习，使得平台反馈具有很强的及时性。

（5）持续性："互联网+"教师培训与教师专业发展是一个持续的过程，短期的一次性教师培训往往难以满足教师解决问题的需求，教师专业发展的实现需要通过长期指导、持续支持并分阶段把握关键节点。

第三节　参与式研学旅行指导师培训

作为研学旅行的组织者、引导者，研学旅行指导师在研学旅行实施过程中具有关键作用，决定着研学旅行的质量和效率。当前，随着研学旅行进入蓬勃发展期，研学旅行指导师人才匮乏问题凸显，亟待解决。研学旅行活动的组织、实施的跨学科性质，决定了研学旅行指导师必须加强专业发展，增强专业理念，丰富专业知识，提升专业能力，因此加强对研学旅行指导师的培训十分重要。参与式培训是一种盛行的培训方式，非常适宜包括中小学海洋研学旅行指导师在内的中小学海洋教育师资培训。下面专门讨论参与式研学旅行指导师培训。

一、参与式培训

"参与"是指参加（事务的计划、讨论、处理），意味着一个人在认知、情感、思想等方面全身心地融入某一群体活动。参与式培训则是指为参训人员提供舒适的学习环境，营造轻松的学习氛围，引导参训人员通过视、听进行思考和彼此间的交流分享，达到提升素质的培训方式。参与式培训不仅注重学习情境的创设，更注重培训活动与实际需要的契合，从而具有切实的可操作性，是一种"做中学""学中做"的培训。这种培训方式与传统的以培训导师为主导的单向传递信息的方式不同，重在引导参训人员以主人翁的姿态参与课程设计、活动组织和过程管理，在培训导师创设的学习情境中，围绕着实际问题独立思考、集体研讨，运用所拥有的知识、经验等探寻解决问题的途径并共同解决问题，通过平等的群体沟通交流发现自身存在的问题并及时听取指导，予以解决，在沟通、交流、反思、体验的过程中增强专业理念，学习专业知识，提升专业能力。

20世纪40年代，发达国家的文化移植和扶贫战略引入"参与式"概念。

1980年世界就业大会提出了"参与应当作为人的基本需要"的主张。20世纪80年代末，参与式广泛应用于国际政治、经济、教育、文化等领域，在教育教学领域形成"参与式学习""参与式教学"模式。后来，参与式培训融合了社会相互依赖理论、认知发展理论、行为主义理论等，关于合作学习的基础理论不断深化，并随着情境学习理论的完善得到了进一步发展，成为在世界范围内广泛应用的一种培训模式。

参与式培训的主要特点是学习任务基于真实工作需要，培训评价基于参训人员的表现，培训过程是交互的，即采用培训导师与参训人员之间互动、参训人员之间交流合作的教学模式；培训导师是参训人员学习的组织者、推动者，参训人员则是探索与反思的实践者并处于培训过程的主体地位；培训以参训人员已有经验为基础，以问题的发现、解决为切入点，以实践活动为内核，以研究探讨为主线，使参训人员的自主思考贯穿全程；培训活动具有开放性，培训氛围活跃，培训结果具有创生性。

二、参与式培训的目标要求

（一）《研学旅行指导师（中小学）专业标准》的要求

2019年，中国旅行社协会发布的《研学旅行指导师（中小学）专业标准》，指出了中小学海洋研学指导师通过培训应达到的要求。

研学旅行指导师（中小学）专业标准

1. 专业态度

（1）专业认识。

① 认识开展研学旅行的意义，热爱研学旅行指导师事业，具有职业理想和敬业精神。

② 认同研学旅行指导师的专业性和独特性，注重自身专业发展，具有终身学习的意识。

③ 重视学生身心健康，将保护学生生命安全放在首位，促进学生的全面发展。

④ 注重人格魅力和学识魅力教育感染学生，做学生健康成长的指导者和引路人。

（2）专业准则。

① 维护学生合法权益，尊重个体差异，平等对待每一位学生。不讽刺、嘲笑、歧视学生。

② 遵守教师和导游的职业行为规范，品行端正，为人师表，身心健康，无传染性疾病，仪容仪表举止得体。

③ 精心制订和实施研学旅行课程方案，完成研学目标，确保安全，让学生拥有快乐有意义的研学旅行生活。

④ 在研学旅行活动中，不得出现违背党的路线方针政策的言行，不得发表错误观点和编造散布虚假信息、不良信息，不得出现损害国家利益、社会公共利益或违背社会公序良俗的行为。

2. 专业知识

（1）研学旅行知识。

① 掌握研学旅行政策法规知识，掌握相关研学旅行目的地及基地、营地的情况。

② 掌握研学旅行组织和服务知识、文明旅游知识和旅行常识。

③ 掌握研学旅行安全风险管理知识，熟悉基本的安全防护救护知识与灾害应急常识。

④ 掌握研学旅行课程方案设计、课程及体验活动实施等知识。

（2）教育教学知识。

① 了解中小学教育教学理论，熟悉学生的认知规律和教育心理学的基本原则和方法。

② 了解新课程改革方向和相关理论，掌握新课程中的教学观和学生观。

③ 了解中小学课程结构和课程类型，熟悉中小学综合实践活动课程内容。

④ 熟悉课程资源开发、管理与利用的方法，掌握研学旅行课程教学知识。

（3）通识性知识。

① 了解保护青少年健康成长方面的有关法律法规知识，熟悉中小学教育的基本情况。

② 了解我国各类非物质遗产和各民族风俗，掌握相应的乡情、县情、省情和国情。

③ 了解相应的自然、人文、社会科学知识，掌握与研学旅行课程方案直接相关的学科内容（编者注：中小学海洋研学旅行指导师应熟悉海洋教育知识体系，掌握必备的海洋知识）。

④ 熟悉现代化的信息技术知识。

3. 专业能力

（1）研学旅行课程方案设计。

① 具有较强的语言文字表达能力，能正确设计或修订完善研学旅行课程方案，保证方案的教育目标正确，教育主题鲜明，教学内容丰富。

② 能从学情和乡土乡情、县情市情、省情国情出发，能根据学校要求和基地营地拥有资源两方面考虑，合理设计出适合不同年龄段学生的研学旅行课程方案。

③ 能将知识、能力和情感（价值观）三维目标设计在研学旅行课程方案中，并能融合在研学旅行的行前、行中和行后各个阶段。

④ 应遵循教育性、实践性、安全性、公益性四大原则设计研学旅行课程方案，能引导和帮助学生设计完成课程研学计划。

⑤ 能合理利用各种资源，开发自然类、历史类、地理类、科技类、人文类、体验类等多种类型的活动课程，设计的研学旅行课程方案能体现出自主性、探究性、体验性、互动性、趣味性等特点。

（2）研学旅行组织与实施。

① 具备良好的组织管理能力、沟通协调能力、教育教学能力和安全保障能力，能将研学旅行的教育目标落实到具体的课程计划中，确保研学旅行安全有序地实施。

② 做好行前准备工作。开好行前预备会议，向各方宣传解读研学旅行课程方案。检查各项课程准备工作，关键环节实地查看，确保万无一失。

③ 做好行中组织监督管理工作。应将预先设计课程内容和活动环节一一落实，在旅游车上组织好移动课堂，督促基地营地按方案执行，让所有学生完成预定的研学任务。

④ 做好行后总结评价工作。应灵活运用多种评价方法，客观公正反馈研学成绩，组织好研学旅行成果汇报，利用评价结果促进学生全面发展和健康

成长，同时完善研学旅行课程方案以及研学旅行组织工作。

（3）研学旅行激励与评价。

① 运用过程性评价。在研学方案中应在每一个重要环节中适时设计评价，发现和赏识每位学生的进步，给予学生恰当的评价和指导，通过过程性评价激励学生进行积极的自我评价。

② 采用多元化评价。评价主体、评价对象、评价内容应多元化，对学生的研学态度、研学能力和方法、研学结果等方面进行综合性评价。宜采用激励性语言评价学生的研学过程，用描述性语言评价学生的研学成果。发挥评价的激励作用。研学评价要从学生的原有基础出发，尊重学生的个性特点，强调以鼓励为主的发展性评价。宜采用研学任务卡、研学任务书、研究报告、游记、研学作品等多种形式对学生进行激励性评价。

4. 持续发展

（1）反思提升。

①不断收集、分析、反馈相关信息，总结反思改进研学工作。

② 不断进行知识的重组融合，提高研学课程再开发的能力。

③ 不断学习现代新技术、运用新技能，探索提高研学效果的新方法。

④ 不断学习旅游和教育领域的最新知识，开创研学旅行工作新的模式与途径。

（2）规范考核。

① 研学指导师入职前培训和认定：在研学旅行中担当研学旅行指导师职责的人员，应参加中国旅行社协会（或授权的培训机构）组织的研学旅行指导师的培训，经考核合格取得研学旅行指导师证书。

② 获取研学旅行指导师证书的前置资格：大专及以上学历（含全日制在校大学生）、普通话标准、初级及以上导游证（或教练证、教师资格证或中高级职称证书）。

③ 研学旅行指导师继续教育计划与实施：研学旅行指导师应定期完成一定学时的培训。研学旅行指导师根据相关考核和评审条件进行等级晋升。

（二）三个培训层次分目标要求

不同的研学旅行指导师因具备的专业知识和从业经验有所不同，所关注的焦点问题和面临的发展需求也不相同。据此，研学旅行指导师培训应分层次提出培训目标。

1. 初级培训目标要求

初级培训以基础性内容为主，旨在培养研学旅行指导师的角色意识、基础知识和基础能力，如理解研学旅行及其职业内涵、特征与价值，掌握基本研学旅行课程设计要素、教学方法和实施流程。具体目标要求如下。

（1）了解研学旅行的重要意义与职业内涵、现行政策和发展状况，明确研学旅行指导师的职业性质和工作任务，能实现研学旅行指导师的职业角色转变。

（2）掌握研学旅行的基本流程与各环节的工作要求，能顺利组织中小学生完成研学旅行任务。

（3）了解研学旅行的活动内容，掌握研学旅行中研究性学习设计的基本要素和流程以及教学的基本方法与策略，能依据研学资源属性和学生身心特点科学地设计和指导研学旅行。

（4）掌握安全知识与技能，了解研学旅行风险管控的基本程序和基本方法，能解决研学旅行中学生面临的安全问题。

2. 中级培训目标要求

中级培训内容既包括基本的专业知识与技能，又涉及相关知识与技能的整合与分析，如掌握不同类型研学课程的研发思路、熟悉研学旅行教学的各种技巧。具体目标要求如下。

（1）掌握研学旅行产品的研发思路，能根据研学旅行产品的特点科学地设置研学旅行活动内容。

（2）熟悉研学旅行中研究性学习的规律和实施策略，能够依据所设计的研究性学习主题和内容、研学的环境与条件、学生的认知特点等对学生的研究性学习提供个性化指导。

（3）掌握研学旅行活动的组织和风险管控知识，能有效管控研学过程和应对安全风险。

（4）掌握研学旅行活动的评价方法，能不断总结经验，促进研学旅行水平的提升。

3. 高级培训目标要求

高级培训内容侧重高阶思维的培养，涉及研学旅行指导师的研究能力、创新能力的提升以及大局观、反思观的培养。具体目标要求如下。

（1）掌握研学旅行的研究成果和发展趋势，能开展关于研学旅行的课题研究。

（2）熟练掌握研学旅行指导师专业知识和专业技能，能创造性解决研学旅行过程中遇到的各种问题。

（3）具有较强的反思意识和较高的反思能力，能不断创新研学旅行教育活动。

（4）具有统领全局的能力，能充分利用研学资源促进研学旅行不断发展。

（三）关于专业理念、专业知识与专业能力

1. 专业理念

专业理念不仅是研学旅行指导师工作质量的重要影响因素，还是研学旅行指导师专业发展的强大推动力，具体包括对研学旅行指导师职业的认识与理解、对学生的态度与行为、对教育教学的态度与行为以及个人修养与行为。

对职业的认识与理解：是研学旅行指导师专业理念的核心理念，关系着所组织和指导的研学旅行活动能否沿着正确的方向健康运行。这一理念要求研学旅行指导师具有清晰的角色定位，认同并践行研学旅行职业对学生核心素养发展的价值；具有职业理想和敬业精神，热爱本职工作，能以专业化态度投入研学旅行工作。

对学生的态度与行为：要求研学旅行指导师热爱学生，关心学生；始终以学生为中心，有教无类，一视同仁；尊重学生的人格，维护学生的合法权益。

对教育教学的态度与行为：要求研学旅行指导师尊重教育规律，能针对学生身心发展特点提供恰当的教育支持。

个人修养与行为：要求研学旅行指导师具有正确的价值观、生活态度、语言习惯与行为方式，成为学生学习的榜样，在研学旅行活动中起到积极的示范作用。

2. 专业知识

专业知识是研学旅行指导师保证研学旅行活动健康发展的基础，具体包括研学旅行知识、教育教学知识与通识性知识。

研学旅行知识：指的是研学旅行政策法规、研学旅行课程、研学旅行组织实施和研学旅行管理等方面的知识。研学旅行是研究性学习和旅行体验相结合的校外教育活动，中小学生在不同于学校传统课堂的各种真实情境中，将自主探究与合作学习相结合，认识自然现象和社会本真，在发现问题、提出问题、分析问题并解决问题的过程中获取知识、探索规律、发展思维、培养素养。

教育教学知识与通识性知识：指的是作为研学旅行实践活动的组织者和指导者，研学旅行指导师必须拥有与学生的研究性学习相匹配的教育教学知识与技能储备。研学旅行属于综合实践活动，是学科课程内容的延伸，而且高质量的研学旅行项目往往涉及多学科知识。这就要求研学旅行指导师尽可能多地掌握相关的自然、人文、历史、科学、社会和经济等知识，具有基础知识的跨学科融合能力，能带领学生开展有效的研究性学习。

3. 专业能力

专业能力指的是研学旅行指导师成功设计、执行与完成研学旅行课程或相关活动的能力，具体包括研学旅行组织与实施能力、研学旅行中研究性学习设计能力、研学旅行安全应急管理能力以及研学旅行专业发展能力。

研学旅行指导师的专业能力具体体现在研学旅行前、研学旅行中与研学旅行后3个阶段。

研学旅行前：学生已经具备与研学旅行活动相关的知识经验并对研学旅行有一定的需求，研学旅行指导师需要对学生的知识经验、能力水平和研学需求进行评估，根据评估结果科学地设计研学内容、确定活动形式和选择适宜方法，从而保障研学旅行的有效性。

研学旅行中：研学旅行为学生构建了一个资源丰富的实践课堂，同时也对学生的学习、生活、行为提出了有关要求。研学旅行指导师扮演着研学旅行活动组织者和指导者角色，必须担负起执行研学计划、控制研学进程并对学生进行管理的任务。

研学旅行后：研学过程中的意义建构，需要研学旅行指导师发挥辅助作用。为此，研学旅行指导师应做好研学过程的评价与反馈工作，对研学旅行活动进行审视和反思，促进学生意义建构的深化，并将审视和反思结果应用于今后的研学旅行，从而不断改善和创新研学旅行工作。

三、参与式培训的内容结构

（一）培训内容设计思路

1. "以学习者为中心"的理念

"以学习者为中心"的理念是教育培训内容设计的重要指引。根据这一理念，在设计参与式培训内容时，要以参训人员为出发点，尊重他们已有的知识和经验，鼓励他们主动参与培训活动，关注他们在已有经验背景下关于研学旅行认知的主动建构，从而最大限度地满足他们对培训内容的需求并激发他们参与培训的积极性。为此，在设计培训内容时应充分考虑参训人员的现有能力水平，依据他们的实际情况科学合理地设置各层次培训内容；将理论知识与实践技能有机结合起来，使参训人员既能将自己的经验上升到理性水平，又能掌握新的理论知识来提升研学旅行实践活动指导能力。

确定培训内容前，应做好对研学旅行指导师带队和教学两方面实践经验的调研工作，并对研学旅行活动中高频出现的问题和事件等进行整理，以此作为培训内容设计的依据。

基于研学旅行指导师的工作特点，理性认识是研学旅行的指导，而实际操作则关系到研学旅行活动的实施水平。因此，在设计培训内容时要坚持理论与实际相结合，增强实际操作内容，并利用多媒体设备等模拟研学旅行指导师工作情景，引导参训人员在实际操作中加深对所学知识、技能的理解，并发现自身的不足，及时加以改善。

2. 问题导引，任务驱动

问题是思维的起源，也是思维的对象和"刺激物"。没有思维就没有学习，而没有问题就没有思维。应该说，问题是学习产生的根本原因，问题的解决是学习过程中的重要动力。以问题为导引的培训，将问、思、学、教紧密地结合起来，具有导疑、导思、导学、导教的作用。因此，问题是参与式培训的必备工具，问题导引是参与式培训的有效路径。

问题导引以一系列问题形成培训主线。培训导师通过设置问题情境向参训人员提出任务要求并指出需要掌握的知识，通过提出问题引导参训人员提取和运用所学的知识信息思考问题、分析问题、解决问题并总结解决问题的方法；同时，参训人员在培训导师引导下，独立自主或协同合作来解决问题，并在这个过程中主动发现问题、提出问题、解决问题，从而增强问题意识，提高分析问题、解决问题的能力，促进职业素养的发展。因此，问题导引是参与式培训的有效手段。以问题为导引的培训，需要摸清培训要解决的实际问题，并在此基础上引导参训人员按照学习、研究、实践、反思的思路完成培训任务。

任务驱动指的是在培训过程中，参训人员在培训导师的引导下，紧紧围绕一个共同的任务，将自主探索与合作学习相结合，通过对有关资源的积极主动应用，在完成既定任务的同时进行学习的培训措施。任务驱动的培训方式，能为参训人员提供体验实践的情境和感悟问题的情境，引导他们围绕任务展开学习，以任务的完成结果总结和检验学习过程，改变了参训人员的学习状态；一方面可以调动参训人员的积极性和主动性，另一方面可以促进参训人员知识学习的内化并提高实践能力。

"问题导引，任务驱动"的培训最根本的特点是"以问题为导引，以任务为主线，以培训导师为主导，以参训人员为主体"，基本环节包括创设情境、确定问题（任务）、自主探究和合作学习相结合、效果评价等。

创设情境：指的是培训中创设与当前培训主题相关的、尽可能真实的学习情境，引导参训人员带着真实的任务进入学习情境，使参训人员的学习更加直观和形象化，以激发他们的联想，唤起他们原有认知结构中有关的知识、经验，引领他们利用有关知识与经验去"同化"或"顺应"所学的新知识并发展能力。

确定问题（任务）：指的是在创设的情境中，选择与当前培训主题密切相关的真实性事件或问题（任务）作为学习的中心内容，让参训人员面临一个需要立即去解决的现实任务。

自主探究与合作学习相结合：指的是参训人员自主探究与彼此间的讨论和交流相结合，通过不同观点的"思维碰撞"，补充、修正和加深每个参训人员对任务完成方案的理解。

效果评价：指的是对参训人员培训的学习效果进行两方面的评价，一方面是对参训人员完成任务过程和结果的评价，即对参训人员所学知识的意义建构的评价；另一方面是对参训人员自主探究和合作学习能力的评价。

（二）培训内容的四大方面

研学旅行指导师培训内容主要包括研学旅行课程设计、研学旅行教学管理、研学旅行组织与实施、研学旅行安全风险管理四大方面。其中，研学旅行课程设计属于专业基础知识范畴，主要是引导参训人员明确研学旅行课程设计原则、要素及技巧等内容，使他们较系统地掌握设计的基本规律，能科学地进行研学旅行课程的开发，为下一步的研学旅行实施和教学做充分准备；研学旅行教学管理主要是引导参训人员从理论与实践的维度，研讨研学旅行的教学方法与技巧等，提高他们的教育教学指导能力；研学旅行组织与实施旨在引导参训人员了解并掌握研学旅行过程中的具体实施方式和操作策略，提高他们在教育教学与组织协调等方面的综合能力；研学旅行安全风险管理主要是引导参训人员了解研学旅行中的安全防范与应急管理的知识与案例，提高他们的安全知识储备以及对研学环境的敏感度，增加他们为研学旅行实践活动"保驾护航"的能力。以上四大方面内容紧密联系，共同构成参与式培训的内容体系，具体解决以下问题。

1. 关于研学旅行指导师角色定位和职业素养问题

如何正确看待自己的职业及专业发展是研学旅行指导师（特别是处于适应生存期的初入职研学旅行指导师）必须面对的问题。对于初入职的研学旅行指导师来说，需要通过培训使他们尽快转变角色、熟悉工作内容以及确立职业发展方向等。为此，关于研学旅行指导师角色定位和职业素养方面的培训应以研学旅行指导师的概念、内涵及价值，研学旅行指导师应具备的职业素养，研学旅行指导师的任职条件及专业发展路径等为重点内容。

2. 关于对研学旅行业的发展状况和影响因素的认识问题

引导参训人员了解研学旅行的发展状况和影响因素，有利于他们从整体上认识研学旅行实践模式及职业前景。为此，关于研学旅行业的发展状况和影响因素方面的培训应以研学旅行的概念和内涵、研学旅行的兴起与发展、研学旅行的实践模式、研学旅行相关政策文件等为重点内容。

3. 关于掌握研学旅行教育学与教育心理学知识问题

研学旅行从本质上说是一种教育教学行为，需要遵循教育的基本规律，这就要求研学旅行指导师通过培训掌握必备的教育学与教育心理学知识。

4. 关于研学旅行中研究性学习设计问题

研学旅行中研究性学习是在一种真实情境中进行的实景教学，是研学旅行教育内容的主要载体，是有效实施研学旅行的基本前提和重要依据，直接影响研学旅行的效果。研究性学习的开放性决定了其无论在目标设置、内容设计上还是组织实施上，均与校内的学科课程有很大的差异。这就需要研学旅行指导师具有研究性学习设计能力，能充分利用研学资源，为学生提供结构化、有价值的体验。为此，关于研学旅行中研究性学习设计方面的培训应以研究性学习理论，研究性学习设计要素（主题的确定、目标的设置、内容的设计、环节的安排、方法的应用等），研究性学习设计的基本步骤等为重点内容。

5. 关于研学旅行组织问题

研学旅行的组织是实施研学旅行课程、实现预期研学旅行目标的重要手段，是研学旅行指导师必须具备的核心能力。为此，关于研学旅行组织方面的培训应按研学旅行工作环节的顺序，把研学旅行前、研学旅行中、研学旅行后的基本工作流程和工作内容等作为重点内容。

6. 关于研学旅行安全风险管控问题

研学旅行是学生深入自然和社会空间进行体验式学习的旅游教育活动，他们在研学旅行过程中要面对复杂的活动空间和种类繁多的活动项目，难免遇到复杂多样的安全隐患，因此如何有效预防、减少和尽量杜绝研学旅行安全问题是研学旅行指导师的一项重要工作。为此，关于研学旅行安全风险管控方面的培训应以研学旅行安全事故及其分类、研学旅行安全事故处理程序、风险管控方法与措施等为重点内容。

四、研学旅行指导师培训评价与跟踪指导

（一）培训评价

1. 对参训人员的评价

为了发挥评价对参训人员的促进作用，参与式培训评价应同时考虑参训

人员的学习过程和学习结果两个方面，实施过程性评价和成果性评价。过程性评价注重参训人员在培训过程中的参与、互动和体验状况，可将学习活跃度、讨论参与度和阶段任务完成情况作为考核内容。成果性评价注重物化的学习结果，可通过闭卷考试、课题论文或问卷反馈的形式进行。

2. 对培训内容的评价

对培训内容的评价的重点在于检查研学旅行指导师培训内容设计是否实现了培训目标，是否具有合理性和规范性。通常可通过观察、访谈、问卷以及查阅学习成果等形式进行评价。培训内容评价信息主要来自两个方面：一是参训人员，主要包括参训人员的学习活跃度、讨论参与度、学习成果，对培训的内容的看法，对培训专家的教学意见，对培训方式的建议等；二是培训导师，主要包括培训内容的可接受性、培训内容结构的逻辑性、培训内容知识点的难易程度、教学时间的合理性、培训内容资源以及教学方法的可支持性等。

（二）跟踪指导

为深化培训成果，促进研学旅行指导师的培训迁移，培训组织者需要对参训人员进行持续的跟踪考察和专业指导。正式培训结束后，培训组织者应与参训的研学旅行指导师保持经常性联系，促进参训的研学旅行指导师学习成果的实践应用，具体包括以下三方面工作。第一，跟踪评估培训效果。可从培训过程、学习成效和成果转化三个维度设置研学旅行指导师培训效果评估指标，了解培训效果，聚焦发现的问题，推进培训质量的进一步提升。第二，维持线上学习联系。培训结束后继续开放线上学习社区，鼓励参训的研学旅行指导师在线上学习社区分享个人经验和遇到的新问题，培训组织者引导讨论、提供相关资料与建议，并及时提供研学旅行最新信息。第三，提供专业指导服务。建立专业教师与研学旅行指导师的联系渠道，关注影响研学旅行指导师培训迁移的各种因素，为促进研学旅行指导师的专业发展提供指导。

　　提供中小学海洋教育师资培训支持指的是建立支持机制，激励受训人员积极参与培训活动和创新实践，支持受训人员提升可持续发展能力。本章着重研讨了中小学海洋教育师资培训支持中的设立海洋教育师资培训导师制度、构建海洋教育师资培训效果评价机制与开展海洋教育教学研究。

●设立海洋教育师资培训导师制度
●构建海洋教育师资培训效果评价机制
●开展海洋教育教学研究

第一节　设立海洋教育师资培训导师制度

一、设立海洋教育师资培训导师制度的必要性

在论述海洋教育师资培训导师制度之前，我们先来了解一下导师的概念。导师一般是指在高等学校或相关学术研究机构中指导他人学习、进修，进行学术研究并撰写论文落实研究成果的教师或科研人员。他们通常具有较高的学术水平和丰富的教育经验，能够为学生提供专业的指导和帮助。导师不仅负责指导学生的学习和研究，还关心学生的生活和成长。他们为学生提供有关学术、职业和个人发展方面的建议和指导，并在一定程度上帮助学生解决学习和生活中遇到的问题，更有传统意义上的"师父"的意味。

而导师制作为一种教育制度，最早可以追溯到中世纪欧洲的大学教育。当时，牛津大学和剑桥大学开始实行导师制，以培养学生的独立思考能力和学术素养。此后，导师制逐渐发展并被其他国家和地区的高校所采纳。目前，导师制已经成为高等教育中不可或缺的一部分。社会发展实践证明，导师制能够显著提高教育质量，在培养学生的独立思考能力和创新思维、促进就业竞争力的提升、推动学科建设和发展以及加强师生互动和交流等方面发挥重要作用。导师制还能够为教师提供更好的教学和科研环境，实现教学相长。

在建立中小学海洋教育师资培训支持机制过程中，导师是海洋教育师资培训的学术指导者和引路人。导师的指导和支持有助于中小学海洋教育相关从业教师更好地发掘自己的教学潜力，提高自己的海洋综合素质，从而实现个人发展目标，推动海洋教育事业健康发展。

二、海洋教育师资培训导师的基本职责与主要任务

（一）海洋教育师资培训导师的基本职责

海洋教育师资培训导师是海洋教育师资培训和学术研究不可或缺的人员，海洋教育师资培训导师担负以下基本职责。

1. 帮助参训人员（即海洋教育教师）制订个性化学习计划

导师需要根据实际情况，帮助参训人员了解自身在海洋教育领域的具体兴趣和能力，从而制订个性化的学习计划，更有针对性地完成培训任务。

2. 促进参训人员科研能力提升

导师需通过参与参训人员的科研项目，提高参训人员的科研能力和水平，为他们海洋教育教学研究层次的提高和更进一步的职业发展打下坚实基础。

3. 培养参训人员的独立思考和创新能力

导师要通过指导学习，强化参训人员在专业领域及整体教学过程中的独立思考和创新能力，以帮助其适应未来海洋教育教学的发展需求。

4. 增强参训人员的整体从业竞争力

导师要根据自身在专业领域的知识经验，力所能及地为参训人员提供海洋教育方面的从业信息和职业规划建议，帮助参训人员提高自身的从业竞争力。

5. 提高参训人员的综合素质

经过导师的指导，参训人员学习到导师的学术经验和扩充知识储备的方式，提高自身的综合素质，进而提升自身的教学水平。

6. 提高参训人员的道德水平

导师需要严格要求并积极言传身教，着重提高参训人员的道德水平，使其更深刻地认识到海洋教育的重要性，进而促进其积极主动并有创造性地投身于中小学海洋教育。

（二）海洋教育师资培训导师的主要任务

海洋教育师资培训导师的职责不只是传授知识，还应当全面关心参训人员的发展，引导参训人员积极开展各种自主探究和合作学习活动。

1. 全面关心参训人员的发展

（1）坚持以海洋教育教师为中心。导师应该始终关注自己指导的海洋教育教师的成长需求和发展特点，以海洋教育教师为中心，根据海洋教育教师

职业规划设置海洋教育师资培训工作的重点，并始终对自己指导的海洋教育教师负责。

（2）注重培养参训人员的创新思维和创新能力。根据时代的不断发展，海洋教育领域仍有诸多值得探究的问题，导师应该鼓励参训人员注重打破"权威"意识，积极发挥创新精神，尝试新的中小学教学方法和思路，形成激发中小学生创新思维和创新能力的授课方式；通过引导各参训人员进行独立思考和自主探究，切实帮助其在受专业培训后，主动提高解决问题的能力。

（3）强调知识整合和跨学科学习。导师应该引导参训人员进行跨学科学习，对海洋教育不同领域的知识进行整合，形成完整的知识体系，通过多学科交叉融合的方式，培养参训人员的综合素质和创新能力。

（4）倡导自主学习和终身学习。导师应该引导参训人员树立自主学习和终身学习的理念，鼓励他们自主探究、自我评价和自我反思，培养自主学习、自主专业发展的能力和习惯。

（5）关注学习过程和学习成果。导师应该关注参训人员的培训过程和学习成果，及时发现和解决其在培训过程中遇到的问题，同时也要关注其学业成绩和综合素质发展。

（6）培养批判性思维和信息素养。导师应该引导参训人员强化批判性思维，培养参训人员的批判性思维能力和信息素养，使其能够更好地掌握查找、归纳相应教学资料的能力和辨别学术信息的真伪和价值的水平，同时也能更好地利用信息技术进行学习和研究。

（7）加强德育引领。导师不仅是学术上的指导者，还应该是德育的引领者。导师应该关注参训人员的思想动态和情感需求，引导其树立正确的价值观和人生观，帮助其克服畏难情绪，并着重培养其对海洋教育的历史责任感和使命感。

2. 积极开展各种自主探究和合作学习活动

海洋教育师资培训导师的另一重大任务在于，要引导参训人员开展各项自主探究和合作学习的活动，从而在后续的教学中活学活用，切实提升自身的综合教学能力。

（1）创设情境，激发兴趣。导师可以创设与海洋教育相关的探究主题和情境，如问题情境、实验情境，以激发参训人员的学习兴趣和探究欲望。导师还可以通过启发式的问题引导，引导参训人员发现问题、提出问题，形成自主探究的动机。

（2）提供资源，支持探究。导师可以在能力范围内，为参训人员提供必要的资源和支持，如海洋教育相关的珍贵图书资料、实验器材、研究工具，以及获得前沿研究成果的各类渠道，以帮助参训人员进行自主探究和合作学习。导师还可以在探究过程中为参训人员提供适当的指导，帮助其了解探究的过程和方法，减少参训人员在探究过程中的困难和挫折感。

（3）组织讨论，促进合作。导师可以组织参训人员进行小组讨论或集体研讨，以促进参训人员的合作学习欲望，提高其交流沟通的技巧，进而使其沉淀下来，为以后回归课堂教学，组织中小学生合作学习活动打下坚实的基础。在讨论中，导师可以注重引导参训人员进行思考、交流、分享和反思，帮助参训人员互相学习教学技巧，互相启发教学思维，形成对海洋教育重点问题、难题的深入理解和解决方案。

（4）个性指导，因材施教。导师可以根据每个参训人员的特点和需求，进行个性化的指导和因材施教。例如，对于理论知识学习困难的参训人员，导师可以给予其更多的学术探究技巧；对于海洋教育学术知识学习优秀的参训人员，导师可以给出更有挑战性的前沿动态，让其构思教育情境。

（5）关注过程，注重评价。导师需要时刻关注参训人员在海洋教育探究过程中所使用的方法，强化对参训人员的综合水平的评价和反馈。在评价中，导师可以引导参训人员关注探究过程中的思维和方法，肯定参训人员的探究成果，同时指导参训人员发现不足和明确发展方向。

三、海洋教育师资培训导师应坚持的培训原则

1. 目标导向原则

在教育学领域，目标导向原则可以看作一种有效的管理理论，它强调为了达到目标所表现的行为，从要解决的问题或者要实现的目标入手，形成发现问题、分析问题、确定问题、解决问题的良性循环。海洋教育师资培训导师应以实现特定的、切实的目标为导向，如提高参训人员的教学水平、专业

素养和创新能力，进而采取一系列措施。

2. 考虑情境和需求原则

海洋教育师资培训导师应考虑海洋教育师资培训特定的情境和需求，如参训人员的学科背景、教学经验、学习需求，以及导师的专业领域和指导能力。

3. 系统性和完整性原则

海洋教育师资培训导师应考虑培训过程的系统性和完整性，包括培训计划的制订、导师的分配、培训内容的更新等多个方面。

4. 科学性和有效性原则

海洋教育师资培训导师应遵循科学的教育和心理学原理，考虑师资培训效果的有效性，为参训人员提供科学、系统的指导和支持。

5. 持续改进原则

海洋教育师资培训导师应考虑不断改进和完善培训过程，根据参训人员的学习成果和反馈，及时调整和优化培训内容和方式。

此外，海洋教育师资培训导师还要注意以下几点。

（1）培训计划制订：根据参训人员的需求和培训目标，制订系统的培训计划，包括培训内容、方法、时间等方面的规划。

（2）培训内容更新频次及频率：关注教育发展的前沿动态，不断更新培训内容和方法，确保培训内容的前沿性和实效性。

（3）培训方法的多样性：采用多种培训方法（如讲座、案例分析、实践操作），使参训人员能够从多个角度学习和掌握海洋教育知识和技能。

（4）指导与评估：导师对参训人员的学习进行指导和评估，及时解决参训人员的问题和困难，并对参训人员的学习成果进行评估和反馈。

（5）培训效果跟踪与评价：对培训效果进行跟踪，及时评价教学效果和参训人员的学习成果，为进一步改进和完善培训提供参考。

四、校本培训的海洋教育师资培训导师

校本培训的海洋教育师资培训导师一方面要聘请高校专业教师或科研单位的专业人员担任，另一方面要在本校优秀的海洋教育教师中选拔。本校选拔的海洋教育师资培训导师要符合以下几点要求。

1. 有扎实的学科知识和丰富的教学经验

本校选拔的海洋教育师资培训导师要能够理解和掌握海洋教育学科教学的基本理论和实践技能，为海洋教育学科教学提供必要的专业支持和经验分享。

2. 有组织和管理能力

本校选拔的海洋教育师资培训导师要具备较强的组织和管理能力，能够有效地组织和管理学科组成员，协调各方面的工作和学期教学、培训、活动计划，做月度计划、周计划，纵览全局，协调各导师、教师的工作，确保海洋教育学科培训与教学的顺利进行。

3. 有灵活的沟通能力

本校选拔的海洋教育师资培训导师要具备良好的沟通能力，能够与外聘导师、本学科组成员、相关领导和同事，以及学生家长、博物馆和海洋馆负责同志，甚至企业家等进行多方面的、有效的沟通和交流，及时解决各项问题，收集意见和建议，集中分析，及时调整培训及教学策略。

4. 有责任心和担当精神

本校选拔的海洋教育师资培训导师要有高度的责任心和担当精神，能够承担起全面组织海洋教育学科教学的责任和义务，为海洋教育培训或者学科教学中可能出现的各种情况负责。

5. 有领导力

本校选拔的海洋教育师资培训导师要具备领导力，能够带领学科组成员共同完成学科培训及教学任务，并激发他们的积极性和创造性，不断推动海洋教育向前发展。

6. 有培训和进修意识

本校选拔的海洋教育师资培训导师要具备培训和进修意识，关注学科领域的新动态和新发展，不断更新知识和技能，提高自身的专业素养。

综上可见，建立专业的海洋教育师资培训导师制度，可以提供持续的培训和提高机会，帮助教师不断更新知识和技能，适应海洋教育的快速发展和变化，促进从业教师专业化发展。

第二节　构建海洋教育师资培训效果评价机制

　　培训效果评价是一项长期、复杂而系统的工作，需要有完善的培训评价机制和完整制度体系做保障。随着中小学海洋教育的深入实施，海洋教育师资培训的内容与途径不断丰富，如何构建中小学海洋教育师资培训效果评价机制，切实有效地发挥师资培训对中小学海洋教育师资队伍建设的促进作用，也就成为中小学海洋教育师资培训研究与探索的方向。

一、培训效果评价的意义

　　通常说的评价，指的是对一件事或一个人进行判断、分析并得出结论；也指购物时讲价钱，如《宋史·隐逸传上·戚同文》："〔宗翼〕隐而不仕家无斗粟怡怡如也，未尝以贫窭干人。市物不评价，市人知而不欺。"从管理学的角度看，评价指的是通过计算、观察和咨询等方法对某个对象进行一系列的复合分析研究和评估，从而确定对象的意义、价值或者状态的过程。

　　评价是一个非常复杂的判断处理过程。在美国教育学家布鲁姆构建的人类认知处理过程的模型中，评价和思考是最为复杂的两项认知活动。布鲁姆认为："评价就是对一定的想法（ideas）、方法（methods）和材料（material）等做出的价值判断的过程。它是一个运用标准（criteria）对事物的准确性、实效性、经济性以及满意度等方面进行评估的过程。"

　　总的来看，评价是指评价者根据评价标准对评价对象的各个方面进行量化和非量化的测量，最终得出一个可靠的、有逻辑的结论的过程。

　　对于培训来说，培训效果反映的是组织与个人从培训当中获得的收益，培训效果评价则是对培训满足参训人员需求程度的判断。所谓的培训效果，主要是指培训目标的实现程度、培训行为达到的最终效果。

　　培训效果评价具有教学评价的属性。教学评价是指对教学活动满足社会发展和个体发展需求的程度进行判断，以期达到教学价值增值的过程。教学评价一般包括对教学过程中教师、学生、教学内容、教学方法手段、教学环境、教学管理诸因素的评价，但主要是对学生学习效果的评价和对教师教学工作过程的评价。

教学评价的常见类型如下。

一是依据评价所用时间和作用的不同分为诊断性评价、形成性评价和终结性评价。诊断性评价是在教学活动开始前的评价，主要鉴定学生的学习准备程度，以便采取相应措施使教学计划得以顺利、有效地实施。形成性评价是在教学过程中对学生学习结果和教师教学效果的评价，旨在引导教学过程健康地发展。终结性评价是在一项教学活动、一门学科教学或一个学期(学年)教学结束时进行的评价，目的是检验学生已达到的水平，预测学生学习发展的趋势和教师教学应采取的策略。

二是依据评价主体的不同分为自我评价和他人评价。自我评价是个体从自身需要出发，以自己的教学（教师）或学习（学生）行为与结果为评价对象，以及以他人的教学（教师）或学习（学生）行为与结果为评价对象所做的评价。他人评价是评价对象以外的其他主体对评价对象的评价，又称外部评价。

三是依据使用的评价工具分为定性评价和定量评价。定性评价侧重于"质"的分析评价，主要根据评价者对评价对象的表现、状态的观察和分析，采用"描述性语言"（如文字、图片、现场记录），直接对评价对象做出定性的价值判断。定量评价侧重于"量"的分析评价，主要是通过收集数据（如数量、图表）等资料做出量化结论的评价。

对于评价对象（教师和学生）来说，教学评价主要具有以下功能。

诊断功能：教学评价能真实地了解评价对象的发展过程和现有状况，准确地判断其水平和需求。

导向功能：教学评价具有指挥棒作用，评价过程中制定的评价标准用于判定教学或学习活动是否偏离了正确轨道。教学评价对评价对象起到引领作用。

激励功能：教学评价能激发评价对象的内在动力，调动他们的潜能，提高他们参与活动的积极性和创造性等。

调节功能：教学评价能调节评价对象的教育教学或学习等活动。

管理功能：教学评价能够约束评价对象顺利完成预定任务，达成预期目的。

发展功能：教学评价着眼于未来发展，能够促进评价对象的持续发展。

二、培训效果评价要素

（一）评价主体

1. 参训人员

参训人员的培训学习状态和学习结果是培训效果的重要反映。参训人员参与培训效果评价的主要方式是参与问卷调研、参加座谈会或个别访谈、参加笔试测评、进行绩效考核。

2. 培训项目组织者

培训项目组织者（自身组织校本培训的学校，组织专门培训的培训机构）主要承担培训项目中参训人员培训需求的调研、培训方案的制订、培训课程的设计、教学课时的安排、师资的选配、培训方法的选择等任务，对培训效果有重要影响。

3. 培训导师

培训导师直接进行培训的教学工作，是参训人员培训学习的指导者、协助者和组织者，其工作态度、对教学内容的理解、对教学方法的使用等直接影响培训效果。

4. 受聘人员

受聘人员以第三方的身份组成培训效果评价专家组，包括聘请的专家学者、富有培训经验的培训工作者等，对项目整体实施情况进行评价。

师资培训是培训项目组织者与参训教师的双边活动，培训的质量与效果不仅与培训项目组织者有关，也与参训人员息息相关。其中，参训人员是培训的参加者和主体，是培训活动的直接受益者，更是培训绩效的直接体现者；培训项目组织者是培训项目与参训人员之间的重要桥梁，一方面需要对培训的项目内容、组织形式等进行切实可行、科学、系统的整体准备和设计，另一方面需要给参训人员提供专业的培训服务，加强对培训的监督与追踪，这也是提高培训绩效的必要条件。显然，对于专门的培训机构来说，参训人员所在单位也应是培训效果评价的评价主体。

（二）培训效果评价指标体系

评价指标体系是指由表征评价对象各方面特性及其相互联系的多个指标所构成的具有内在结构的有机整体。通常情况下，评价指标体系由评价要素、评价标准、评价权重三个部分构成。评价指标体系中的各项指标具备可测量性或可观察性。

段凯思在《天津市H区中小学新任教师培训评价研究》[1]一文中给出了中小学新任教师培训评价指标体系（表3-2-1）、中小学新任教师培训评价各部分指标权重（表3-2-2）和中小学新任教师培训评价指标标准（表3-2-3），具体形象地展示了评价指标体系的具体构成，对于深入理解培训效果评价指标体系构建很有帮助。

表3-2-1　中小学新任教师培训评价指标体系

一级指标	二级指标	三级指标
A1背景评价	B1培训参与	C1参训态度
		C2参训积极性
		C3活动参与积极性
	B2培训计划	C4培训目标
		C5培训课程
		C6培训形式
A2输入评价	B3培训师资	C7师资结构
		C8专业水平
		C9教学方法
	B4培训管理	C10管理组织
		C11教学管理
		C12资源建设
		C13学员管理
		C14经费管理
A3过程评价	B5学员情况	C15学员出席
		C16课堂纪律
		C17课堂气氛

---

① 段凯思.天津市H区中小学新任教师培训评价研究［D］.天津：天津师范大学，2018.

一级指标	二级指标	三级指标
A3过程评价	B5学员情况	C18作业完成
	B6管理情况	C19交流研讨
		C20组织活动
		C21培训进度
A4结果评价	B7学员成果	C22教学成果
		C23科研成果
		C24管理成果
	B8单位绩效	C25团队绩效
		C26软实力
	B9学员满意度	C27培训过程满意度
		C28培训效果满意度

表3-2-2　中小学新任教师培训评价各部分指标权重

一级指标	权重	二级指标	权重	三级指标	权重
A1背景评价	0.25	B1培训参与	0.12	C1参训态度	0.04
				C2参训积极性	0.04
				C3活动参与积极性	0.04
		B2培训计划	0.13	C4培训目标	0.04
				C5培训课程	0.05
				C6培训形式	0.04
A2输入评价	0.25	B3培训师资	0.12	C7师资结构	0.04
				C8专业水平	0.05
				C9教学方法	0.03
		B4培训管理	0.13	C10管理组织	0.03
				C11教学管理	0.03
				C12资源建设	0.02
				C13学员管理	0.03
				C14经费管理	0.02

续表

一级指标	权重	二级指标	权重	三级指标	权重
A3过程评价	0.23	B5学员情况	0.12	C15学员出席	0.03
				C16课堂纪律	0.03
				C17课堂气氛	0.03
				C18作业完成	0.03
		B6管理情况	0.12	C19交流研讨	0.04
				C20组织活动	0.04
				C21培训进度	0.04
A4结果评价	0.27	B7学员成果	0.1	C22教学成果	0.04
				C23科研成果	0.02
				C24管理成果	0.04
		B8单位绩效	0.08	C25团队绩效	0.04
				C26软实力	0.04
		B9学员满意度	0.09	C27培训过程满意度	0.04
				C28培训效果满意度	0.05

表3-2-3　中小学新任教师培训评价指标标准

指标	指标标准
参训态度	4 新任教师认为教师培训非常重要，非常赞同参加培训
	3 新任教师认为教师培训很重要，很赞同参加培训
	2 新任教师认为教师培训重要，赞同参加教师培训
	1 新任教师认为教师培训重要，但不参加教师培训
参训积极性	4 新任教师能够非常积极主动地报名参加教师培训
	3 新任教师能够很积极地报名参加教师培训
	2 新任教师在学校的要求下，参加教师培训
	1 新任教师基本不参加教师培训

指标	指标标准
活力参与积极性	4 新任教师能够积极地参加培训，并且能积极主动参与培训中的各种活动
	3 新任教师能积极地参加培训，并主动参加培训中的活动
	2 新任教师能参加培训，但只是偶尔能参加培训中的活动
	1 新任教师能参加培训，但几乎不参加培训中的各种活动
培训目标	4 培训目标表述非常清晰、科学合理，并且培训目标能非常符合学员的当前需求和未来的发展需求并提前告知学员
	3 培训目标表述很清晰、科学合理，并且培训目标能基本符合学员的当前需求和未来的发展需求并提前告知学员
	2 培训目标表述基本清晰、科学合理，并且培训目标能基本符合学员的当前需求和未来的发展需求并提前告知学员
	1 培训目标表述基本清晰、科学合理，并且培训目标基本符合学员的当前需求和未来的发展需求但未提前告知学员
培训课程	4 课程内容具有非常强的针对性、实用性，课程设置非常注重学员自学与专家引领的结合
	3 课程内容很具有针对性、实用性，课程设置很注重学员自学与专家引领的结合
	2 课程内容基本具有针对性、实用性，课程设置基本注重学员自学与专家引领的结合
	1 课程内容基本具有针对性、实用性，但课程设置很少注重学员自学与专家引领的结合
培训形式	4 培训形式具有多样性，培训形式的选择非常符合成人学习的特点，非常注重交流与合作
	3 培训形式具有多样性，培训形式的选择很符合成人学习的特点，很注重交流与合作
	2 培训形式具有多样性，培训形式的选择基本符合成人学习特点，基本注重交流与合作
	1 培训形式单一，培训形式的选择基本符合成人学习的特点，很少注重交流与合作

指标	指标标准
师资结构	4 授课教师结构非常合理，教育名师比例达到相关政策的要求
	3 授课教师结构很合理，教育名师比例达到相关政策的要求
	2 授课教师结构基本合理，教育名师比例达到相关政策的要求
	1 授课教师结构不合理，教育名师比例未达到相关政策的要求
专业水平	4 非常熟悉一线教师教育教学情况，在某一领域有非常深刻的研究，能够起到引领作用
	3 很熟悉一线教师教育教学情况，在某一领域有很深刻的研究，能够起到引领作用
	2 基本熟悉一线教师教育教学情况，在某一领域有基本深刻的研究，能够起到引领作用
	1 基本熟悉一线教师教育教学情况，在某一领域没有深刻的研究，不能够起到引领作用
教学方法	4 教学方法非常科学有效、得当，非常适合学生的发展需要
	3 教学方法很科学有效、得当，很适合学生的发展需要
	2 教学方法基本科学有效、得当，基本适合学生的发展需要
	1 教学方法基本科学有效、得当，但不适合学生的发展需要
组织管理	4 培训基地管理机构非常健全，有主管领导，有项目负责人，有专职管理人员
	3 培训基地管理机构很健全，有主管领导，有项目负责人，有专职管理人员
	2 培训基地管理机构基本健全，有主管领导，有项目负责人，有专职管理人员
	1 培训基地管理机构不健全，有主管领导，没有项目负责人，没有专职管理人员

指标	指标标准
教学管理	4 有非常完善的教学管理制度、教学质量监控机制、培训档案
	3 有很完善的教学管理制度、教学质量监控机制、培训档案
	2 有基本完善的教学管理制度、教学质量监控机制、培训档案
	1 没有基本完善的教学管理制度、教学质量监控机制、培训档案
资源建设	4 非常注重资料、视频、网络等数字化培训资源建设
	3 很注重资料、视频、网络等数字化培训资源建设
	2 基本注重资料、视频、网络等数字化培训资源建设
	1 不注重资料、视频、网络等数字化培训资源建设
学员管理	4 有非常完善的学员管理制度、学员考核评价机制，并及时向学员所在地教育行政部门反馈培训情况
	3 有很完善的学员管理制度、学员考核评价机制，并及时向学员所在地教育行政部门反馈培训情况
	2 有基本完善的学员管理制度、学员考核评价机制，并向学员所在地教育行政部门反馈培训情况
	1 没有基本完善的学员管理制度、学员考核评价机制，未向学员所在地教育行政部门反馈培训情况
经费管理	4 培训经费专款专用，有非常清晰的预算和决算；培训经费的使用非常合理，非常符合财政制度的相关规定
	3 培训经费专款专用，有很清晰的预算和决算；培训经费的使用很合理，很符合财政制度的相关规定
	2 培训经费专款专用，有基本清晰的预算和决算；培训经费的使用基本合理，基本符合财政制度的相关规定
	1 培训经费没有专款专用，没有清晰的预算和决算；培训经费的使用不合理，不符合财政制度的相关规定

指标	指标标准
学员出席	4 出勤率不低于百分之八十五
	3 出勤率在百分之七十到百分之八十五之间
	2 出勤率在百分之五十到百分之七十之间
	1 出勤率低于百分之五十
课堂纪律	4 培训过程中，新任教师非常遵守课堂纪律，非常配合培训师的培训
	3 培训过程中，新任教师很遵守课堂纪律，很配合培训师的培训
	2 培训过程中，新任教师基本遵守课堂纪律，基本配合培训师的培训
	1 培训过程中，新任教师不遵守课堂纪律，不配合培训师的培训
课堂氛围	4 在培训过程中，课堂氛围非常活跃，新任教师非常积极地参与互动
	3 在培训过程中，课堂氛围很活跃，新任教师很积极地参与互动
	2 在培训过程中，课堂氛围基本活跃，新任教师基本参与互动
	1 在培训过程中，课堂氛围不活跃，新任教师不参与互动
作业完成	4 新任教师能在规定的时间内，质量非常高地完成布置的任务
	3 新任教师能在规定的时间内，质量很高地完成布置的任务
	2 新任教师能在规定的时间内，基本完成布置的任务
	1 新任教师不能在规定的时间内完成布置的任务
交流研讨	4 培训期间非常积极地组织受训教师进行教学经验、学习经验交流和知识研讨
	3 培训期间积极地组织受训教师进行教学经验、学习经验交流和知识研讨
	2 培训期间偶尔组织受训教师进行教学经验、学习经验交流和知识研讨
	1 培训期间不组织受训教师进行教学经验、学习经验交流和知识研讨
组织活动	4 培训期间总是组织丰富的课外活动
	3 培训期间经常组织课外活动
	2 培训期间偶尔组织课外活动
	1 培训期间不组织课外活动

指标	指标标准
培训进度	4 培训期间培训时间的安排、培训进度的控制非常合理
	3 培训期间培训时间的安排、培训进度的控制很合理
	2 培训期间培训时间的安排、培训进度的控制基本合理
	1 培训期间培训时间的安排、培训进度的控制不合理
教学成果	4 教学内容、教学设计水平、教学效果有非常明显的提高，学生成绩有非常明显的提高
	3 教学内容、教学设计水平、教学效果有明显的提高，学生成绩有明显的提高
	2 教学内容、教学设计水平、教学效果有所提高，学生成绩有所提高
	1 教学内容、教学设计水平、教学效果没有提高，学生成绩没有提高
科研成果	4 新任教师非常积极地参与科研项目，并能够取得2篇论文或专著
	3 新任教师很积极地参与科研项目，并能够取得1篇论文或专著
	2 新任教师参与科研项目，未能够取得1篇论文或专著
	1 新任教师不参与科研项目
管理成果	4 新任教师能非常得当地处理班级突发情况，营造良好的班级学习氛围和学习环境
	3 新任教师能很得当地处理班级突发情况，营造较好的班级学习氛围和学习环境
	2 新任教师能得当地处理一些班级突发情况，营造较好的班级学习氛围和学习环境
	1 新任教师不能得当地处理一些班级突发情况，不能营造较好的班级学习氛围和学习环境
团队绩效	4 新任教师教育教学研讨活动次数有非常大的增加，团队绩效有非常大的提升
	3 新任教师教育教学研讨活动次数有很大的增加，团队绩效有很大的提升
	2 新任教师教育教学研讨活动次数有一些增加，团队绩效有所提升
	1 新任教师教育教学研讨活动次数没有增加，团队绩效没有提升

续表

指标	指标标准
软实力	4 单位教学能力、社会影响力、学校声誉有非常大的提升
	3 单位教学能力、社会影响力、学校声誉有很大的提升
	2 单位教学能力、社会影响力、学校声誉有所提升
	4 单位教学能力、社会影响力、学校声誉没有提升
培训过程	4 新任教师对培训流程、培训管理、培训条件、培训课程的设置非常满意
	3 新任教师对培训流程、培训管理、培训条件、培训课程的设置很满意
	2 新任教师对培训流程、培训管理、培训条件、培训课程的设置基本满意
	1 新任教师对培训流程、培训管理、培训条件、培训课程的设置不满意
培训效果满意度	4 新任教师对实际授课的效果非常满意
	3 新任教师对实际授课的效果很满意
	2 新任教师对实际授课的效果基本满意
	1 新任教师对实际授课的效果不满意

培训效果评价的评价指标体系必须符合科学化、规范化特点，其构建应遵循以下原则。

（1）遵循整体性原则。

培训评价指标体系中的各评价指标之间应具有相互依存、相辅相成的逻辑关系。各评价指标既要从不同的角度表征评价对象的主要特征，又要反映出彼此之间的内在联系，构成的应是一个系统化的有机整体。整体性原则要求在确定评价指标内容时要从整体出发，全面考虑、实事求是，既不能忽视某些评价因素的作用，也不能片面强调某些因素的作用，应从整体上把握，充分发挥评价指标的综合作用。

（2）遵循层次性原则。

培训涉及不同层次的方方面面，培训评价内容应涉及各个层次的各个方面，于是培训评价指标体系必须涵盖培训评价内容，与培训评价内容相匹配，表现出层次性。不同层次的评价指标主次关系分明，通过一定的梯度层层递进，才能保障评价逐步深入。

（3）遵循科学性原则。

培训评价指标的制定要以客观规律为遵循，以科学理念做指导，以科学方法来运作，形成科学性的定性指标或定量指标。这样，才能保证培训效果评价的可信度。

（4）遵循实用性原则。

实用性原则要求构建评价指标要适中、可行、实用，在指标的选择与设计上既不能太简单也不能太烦琐，要尽可能做到简单实用。

（5）遵循可操作性原则。

可操作性原则也可看作可测量性原则，指的是评价指标所涉及的信息便于收集、所收集的数据便于统计分析等。

（6）遵循导向性原则。

导向性原则指的是培训效果评价不但应使培训项目组织者明确今后的努力方向，而且应使参训人员明确如何进一步发挥培训的作用，做好今后的工作。

（三）评价内容

根据评价指标体系可知，评价内容主要包括以下几方面。

一是培训需求，包括需求调研分析和调研报告质量等的评价。

二是培训方案，包括培训主题、培训目标、培训课程、培训方法和课时安排等的评价。

三是培训师资，包括师资配置和专业水平等的评价。

四是培训教学，包括课堂教学、实践教学、教学方法和学习指导等的评价。

五是培训管理，包括教学管理、参训人员管理和培训经费管理等的评价。

六是培训效果，包括参训人员满意度和参训人员学习成果等的评价。

七是培训服务，包括教学服务和生活服务等的评价。

对于参训人员来说，培训效果评价侧重于以下评价。

培训效果反映评价：主要通过了解参训人员对培训内容、培训导师、教学方法、培训材料、培训设施、培训管理等方面的反映进行评价。

培训学习效果评价：主要通过参训人员对培训内容掌握程度、培训目标的达成情况等进行评价。

行为影响效果评价：主要是衡量培训给参训人员的行为带来的改变。培训后参训人员工作行为的积极变化越大，说明培训效果越好。

绩效影响效果评价：主要指对参训人员工作行为的改变带来的绩效变化的评价。

（四）评价方法

师资培训效果评价是复杂的、系统的过程，需要运用科学的方法来检查和评定培训项目的成绩和效益，提高培训项目绩效。师资培训效果评价的方法很多，定性方法和定量方法是两种常用的方法。

定性方法和定量方法是对研究对象进行描述和度量的方式。定性方法着重于描述和解释现象、现象间的关系和发展趋势等，而定量方法则通过数学方式量化对象的属性和变量，从而得出统计结果。

1.定性方法

所谓定性方法，指的是利用一定的理论和经验以及调查材料，根据事物在运动过程中发生的变化来研究事物，以判断事物性质的方法。定性方法着眼于事物特征的主要方面，将同质性在数量上的差异暂时略去。

定性研究是指研究对象属性的质性描述、分析和解释，也称质性研究。定性研究有两个不同的层次：一是缺乏数量分析甚至没有数量分析的纯定性研究，其研究结果通常是具有概括性和较浓的思辨色彩的结论；二是建立在定量分析的基础上的定性研究，其研究结果是由数据支撑的、层次更高的定性结论。

定性研究的特点是着重于描述和解释研究对象的性质以及研究对象的发展趋势等；研究结果通常以文字、图表等形式呈现，具有较强的主观性和经验性，但又较为直观和形象；研究过程较为开放和灵活，有利于研究者深入了解和探索研究对象。根据定性研究的特点，定性研究通常适用于研究难以用数字化指标或标准来描述的研究对象。

定性研究常用以下八种方法。

（1）观察法：观察法是定性研究经常用到的一种方法。研究者直接观察，不仅能够了解被观察者采取某种行动的原因、态度和决策依据等，还能获得特定情景中被观察者的感受，因而能更全面地理解被观察者的行为。

（2）叙事法：叙事法指的是研究者以自由叙述的方式或者访谈的方式，

搜集研究对象的经历、经验或观点。

（3）比较法：比较法指的是研究者通过比较不同事物之间的差异，来了解事物的本质特征。

（4）结构分析法：结构分析法指的是研究者通过对事物结构特征的分析，揭示事物之间的联系和事物的发展变化规律，进而推断出事物的本质特征。

（5）文献分析法：文献分析法指的是研究者通过对文献资料的分析来认识事物的发展变化，进而推断出事物的特征。

（6）问卷法：问卷调查指的是研究者通过发放问卷来收集有关研究对象的有价值信息的研究方法。它可以用于收集有关研究对象的观点、态度、行为和经历的信息。

（7）访谈法：访谈法指的是研究者与研究对象进行全面的交谈，以收集信息，作出判断的方法。访谈可以是结构化访谈，即以提出预先准备好的问题的方式进行访谈；也可以是非结构化访谈，即以更自由的方式引导对话。

（8）文本分析法：文本分析指的是研究者通过分析研究对象的文本或其他文本，以了解研究对象的认知、情绪和思想。

2.定量方法

所谓的定量方法，通常是指利用数字化指标和标准来度量和描述事物的属性、特征等，并得出精确的统计结果的研究方法。定量方法是与定性方法相对的概念。

定量研究也称量化研究，要依据统计数据建立数学模型，并利用数学模型描述研究对象的各项指标。定量研究的特点是着重于研究对象的量，研究结果通常以统计数据的形式呈现，具有较强的客观性和准确性；通常需要遵循一定的研究设计和统计方法来进行研究，有利于研究者得出可比较和可重复的研究结果。

总的来说，定性研究和定量研究是两种不同的研究，它们各自适用于不同类型的研究问题和研究对象，但它们又是相辅相成、相互补充的。定性研究是定量研究的基础，没有定性研究的定量研究往往是盲目的甚至是毫无价值的；定量研究是定性研究的数据化、具体化，会使定性研究更加科学、准确，促使定性研究得出更加准确的结论。更重要的是，定性研究和定量研究具有一个共同之处，即它们都注重比较方法的运用。有了比较，才能为作鉴别、下判断提供确凿有据的信息。在实际研究中，定性研究与定量研究常常配合使用。

（五）评价结果反馈机制

评价最重要的目的不是证明而是改进，因而评价结果反馈也是评价的一大要素。要通过建立科学的反馈机制，及时、有效地将培训前、培训中、培训后各阶段的评价结果反馈给所有利益相关者，包括参训人员、培训导师、培训组织者等，使他们及时获得有价值的信息，并进行相应的调整或改进，从而充分发挥效果评价诊断、激励、导向、调节、管理、发展功能。

三、培训效果评价实施

培训效果评价涉及培训前、培训中和培训后三个阶段，可分为培训设计评价、培训过程评价和培训影响评价。

（一）培训设计评价

培训设计评价在培训前阶段实施，主要包括培训目标设置评价、培训计划制订评价、培训内容设计评价、培训资源提供评价。

1.培训目标设置评价

培训目标的设置是培训活动开展的基础，也是培训效果评价的依据。

培训目标设置评价是针对培训目标制定过程和所制定的培训目标的评价，评价在培训目标制定过程中是否全面考虑到目标的各种作用以及这些作用的有效发挥，重点进行培训目标导向性评价、培训目标适切性评价和培训目标可测性评价。

（1）培训目标导向性评价。

培训目标对于培训活动具有指示方向、引导执行、预测结果的作用，是培训教学计划制订的遵循、培训内容设计的基础与培训效果评价的依据。培训目标预先规定了培训教学活动的大致进程、培训过程中各环节之间具有的逻辑关系以及培训活动的结果。培训目标导向性评价主要包括培训目标的描述与培训主题是否一致、培训目标对培训内容设置的指向是否清晰、培训目标规定的参训人员的学习目标是否合理等。

（2）培训目标适切性评价。

所谓适切，即适合、贴切，适切性则是对适切程度的描述。适切性是指某事物与其所处环境中诸多因素的相关程度，通常表现为适当、恰当或适合需要等方面的特征。其中，适合需要，一是指事物之间适合彼此需要的联系方式，二是指各事物自身具有适应事物之间共同要求的特征。因此，适切性是用事物处于普遍联系的观点认识和研究事物的重要方面。

培训目标适切性评价主要是评价培训目标与培训主题的适切程度以及培训目标与培训实践的适切程度。

（3）培训目标可测性评价。

培训目标的可测性是指目标可量化或可以某种方式进行测量的性质。培训目标的可测性有利于利用目标推进活动过程的发展和衡量活动结果的满意程度。培训目标是对培训活动和结果进行科学测试、给出客观评价的基础，必须具有可测性。培训目标可测性评价主要是评价培训目标是否有利于对培训进程和培训结果进行测量。

2. 培训计划制订评价

所谓的计划，指的是对未来活动所做的事前预测、安排和应变处理。

计划具有以下主要特点。

一是针对性。制订计划是为了实现有关目标，每一份计划都是针对某一个特定目标的。

二是预见性。计划是在行动之前制订的，是对未来工作或活动的安排。

三是首位性。计划是开展工作或活动的前提，处于其他管理工作的首位，即计划在前、行动在后。

四是明确性。计划应明确表达出工作或活动的目的和任务，实现目标所需的资源以及所采取的程序、方法和手段，人员在执行计划过程中的权利和职责。

五是效率性。有了计划，可提升工作或活动的效率，降低工作或活动的成本。

培训计划是围绕培训主题，根据培训目标，在全面、客观的培训需求分析基础上做出的对培训对象、培训规模、培训内容、培训时间、培训地点、培训方式和培训费用等的预先系统设定。培训计划是培训活动顺利开展的基本保证。

培训计划制订评价主要是评价培训活动的安排能否保障培训目标的落实，各个培训环节能否有机衔接，培训活动能否有条不紊地进行。

3. 培训内容设计评价

培训内容是对培训目标的具体落实，应是基于参训人员在工作实践中面临的问题和教育发展过程中的热点问题、难点问题和重点问题而设置的，目的在于根据参训人员的迫切需求提升参训人员的素质，进而促进所从事事业的发展。培训内容设计评价主要评价培训内容的实用性、系统性和前瞻性。

（1）培训内容实用性评价。

培训内容实用性评价主要是评价培训内容设计与培训需求调研结果是否一一对应，培训内容是否能有效解决教育工作面临的问题，培训内容与培训形式是否吻合，培训内容能否能满足不同层次参训人员的需求等。

（2）培训内容系统性评价。

培训内容设计要根据确定的培训主题使培训内容之间有机结合，形成科学的内容系统。培训内容系统性评价主要评价围绕培训主题所设计的培训内容之间能否有机地联系在一起以利于系统地进行培训，避免随意设置培训专题、简单组合培训内容而造成的培训指向不一致、不集中现象的出现。

（3）培训内容前瞻性评价。

所谓前瞻性，指往远看、往前看的特性，与预见性的意思相近。培训内容的前瞻性表现为培训既要解决参训人员当前需要解决的问题以及教育当前面临的问题，又要满足参训人员的专业发展的要求以及教育事业发展的要求。因此，培训内容前瞻性评价是一种基于可持续发展的评价。

4. 培训资源提供评价

培训资源是培训活动的重要支持，除了培训师资，主要包括物质资源和信息资源。

物质资源是维持培训活动运转、为实现培训目标服务的各项物质要素，主要包括培训场所、教育教学设施、参训人员的食宿场所与条件等。

信息资源主要指服务于参训人员的培训学习的文本资源和网络资源。

培训资源提供评价主要是评价培训物质资源和信息资源是否能够满足培训活动的需求。

（二）培训过程评价

培训过程评价在培训中实施。培训实施过程是培训活动的中心环节和主体部分，决定着培训效果，因而通过培训过程评价来保障和促进培训活动的顺利展开十分重要。对参训人员的评价是培训过程评价的重要方面，培训过程的进展情况都会通过参训人员的表现反映出来。培训过程中对参训人员的评价，要十分关注他们的培训参与度、培训满意度与即时改变度。

1. 培训参与度

培训参与度是用来衡量参训人员参与培训活动状况的指标。培训参与度反映的是参训人员在培训活动中的认真、积极、投入程度，主要包括参训人员的出勤率、参训人员参与培训活动的精神状态、参训人员培训学习的积极性和认真程度、参训人员在培训活动中主动交流的频繁程度等。

2. 培训满意度

参训人员的培训满意度反映的是参训人员对培训活动的一种心理状态，是在培训过程中参训人员的需求被满足后产生的愉悦感。培训的环境质量和资源储备、培训群体的风气、培训内容的设置、培训方式的选用等都会影响参训人员的培训满意度；反过来，参训人员的培训满意度也是培训效果的一种反映。

3. 即时改变度

所谓的即时改变，指的是在培训过程中参训人员发生的专业理念、专业知识、专业能力等方面的改变，这种改变相对于培训后的改变，只是一种即时改变，是培训效果的初步体现。即时改变在很大程度上是能够觉察到的改变。即时改变度表达的是参训人员在培训过程中的即时改变程度，通常通过以下几个层面来评价。

知识层面：评价参训人员掌握新知识、获取新信息的程度，判断他们是否解决了疑问、提高了认识、开阔了视野。

方法层面：评价参训人员掌握新技能和新方法发生的变化，判断他们是否理解了其中的原理以及是否了解了其应用范围。

理念层面：评价参训人员的理念、观念的更新情况，判断他们是否把握了新理念、观念的精神实质与重要意义。

情感层面：评价参训人员通过培训学习发生的情感变化，判断他们的职业态度与情感是否得到了强化、精神面貌是否有所改变。

全部培训内容完成时，要以问卷调查形式对参训人员进行全面测量，并统计测量结果，确定每个参训人员的即时改变度，作为对他们培训效果的评价依据。

应注意的是，培训效果的核心要素是目标达成度，培训效果评价的关键是培训目标达成度的评价，因而培训效果评价应当围绕着目标达成度来进行。

（三）培训影响评价

培训影响评价在培训后实施，属于培训应用评价。

培训的终极目标是使培训成果转化为参训人员的教育教学行为的提升和组织绩效的增强，因而培训影响评价涉及个人影响评价和组织影响评价这两个方面。

1. 个人影响评价

培训的效果如何，取决于能不能促进参训人员的专业发展，也就是培训成果能不能转化。培训成果的转化指的是参训人员将培训所学到的知识、技能和经验用于实际工作中，由此产生工作的高绩效。这就要求参训人员将培训期间掌握的新知识和新技能应用于实际工作，与工作任务密切结合起来，解决实际问题。培训影响评价中个人影响评价主要评价参训人员返岗后知识的迁移、技能的提升和态度的转变，考察参训人员是否在实际工作中应用了培训内容以及如何在实际工作中应用培训内容促进工作的改进。

参训人员的知识和能力直接影响着学生的学习，培训对个人的影响体现在参训人员显性和隐性知识对于学生的影响。如果参训人员能够迁移应用培训所学内容，在教育教学活动中对学生施加影响，就会促进学生的学习和情感发展。学生学习的情况变化间接地反映了培训对于参训人员的个人影响，因此评价学生的学习情况变化也是培训影响评价中个人影响评价的重要内容之一。

2. 组织影响评价

培训的最终目的是通过培训提升参训人员的素养，推动组织的发展，因而培训的效果如何取决于参训人员的行为能不能促进组织发展。这种影响包括两方面：一是参训人员培训后对同事的辐射作用，二是参训人员培训后通过提升工作绩效对组织发展的促进和在实际工作中对组织文化建设的影响。培训影响评价中的组织影响评价主要评价参训人员培训后对同事的影响和对组织发展的影响。

培训效果评价是一项复杂的工作，特别是培训后的影响，需要参训人员在长期实践中吸收消化、迁移应用培训内容才能显现出来，因而培训影响评价中的个人影响评价和组织影响评价都不能一蹴而就，需要研究者去探讨更加科学、公正、合理的评价指标体系和评价流程，以便促进培训事业的可持续发展。

第三节　开展海洋教育教学研究

　　开展海洋教育教学研究，是推进交流合作、巩固和深化培训效果的重要手段。海洋教育教学研究，是在一般教学研究的基础上融合自身的特点和研究主题开展的教育教学研究。

　　组织参加海洋教育培训的教师开展海洋教育教学研究不但可以展现参训教师的水平提升，而且可以通过交流合作促进参训教师的专业发展。

一、海洋教育教学研究的基本特征

（一）目标明确

　　海洋教育教学研究旨在加深对海洋教育内容、要求的理解，了解所涉及的海洋知识与学生所学学科知识、生活经验的联系，探讨以所涉及的海洋知识为载体，引导学生传承与发扬海洋文化、弘扬海洋精神、增强海洋意识，进而培养和发展海洋素养的策略与方法，不断提升海洋教育教学的质量。

（二）问题导向

　　海洋教育教学研究活动一般以教育教学实践中出现的问题或可能出现的问题为出发点，通过对问题的研究和解决来探究海洋教育教学的新思路和新方法。海洋教育教学研究始终关注如何创设海洋情境以引导学生发现、提出、分析、解决真实的问题，以及如何以海洋知识为载体，引导学生学习与发扬海洋文化、弘扬海洋精神、增强海洋意识，进而培养和发展海洋素养。

（三）重视实践

　　相较于一般学科的教学研究，海洋教育教学研究更加重视实践，既包括研究在教育教学活动中如何引导学生理论联系实际，提高发现、提出、分析、解决真实的海洋问题的能力，也包括探讨如何组织海洋研学活动和海洋主题活动，引导学生在实践活动中培养和发展海洋素养。

（四）主体多元

参加海洋教育教学研究活动的人员，除了学校的海洋教育教师、海洋研学导师，还包括应邀出席的相关专家学者、海洋类产业一线从业人员（如海洋馆讲解员，具有丰富经验的海员、渔民）等以及学生家长、学生代表。参与主体多元化会使海洋教育教学研究更加全面和深入。

二、海洋教育教学研究的主要模式

（一）借鉴一般学科常规教学研究流程的海洋教育教学研究模式

一般学科常规的教学研究流程比较完善，海洋教育教学研究可借鉴一般学科常规的教学研究流程结合海洋教育教学的特点开展。

研究海洋教育内容：明确海洋教育教学要求，尤其注重研究如何将海洋知识的教学与海洋精神的弘扬、海洋意识的增强有机结合起来以促进学生海洋素养的培养和发展。

研究多元化教学方式：结合海洋教育教学特点，注重研究适于海洋教育教学的多元化教学方式，如项目化教学、情境化教学、案例分析教学等。

研究教学评价与反馈：要侧重研究在海洋教育教学过程中如何提升评价和反馈效果，努力做到"教学评"一体化，以便在海洋教育教学中能及时发现和纠正出现的问题，不断肯定和鼓励学生，增强他们学习的信心和动力。

为此，要做到以下几点。

明确教学研究目标和主题：在组织教学研究活动前，首先要明确目标和主题，例如，是研究海洋生物、海洋污染或海洋地理等方面知识的教学，还是研究如何开展海洋研学活动。

制订教学研究计划和活动方案：根据选定的教学研究目标和主题，制订详细的研究计划和活动方案，包括活动目的、活动资源、活动方式、活动流程等。

注重教师之间的交流合作：要采取听课评课、课例分析、同上一节课等方式，加强海洋教育教学研究中的教师交流合作，共同提高海洋教育教学水平。

注重促进教师的专业发展：将海洋教育教学研究活动与教师的专业发展结合起来，不断提高海洋教育教师的专业知识水平和教学水平。

（二）以课例研究为基础的海洋教育教学研究模式

课例研究是学校教学研究的一种基本模式，也是海洋教育教学研究的基本模式。

课例研究是以具体的课为对象的研究。课例研究的可以是一节课，也可以是几节课；可以是一个教学片段，也可以是几个同质或异质的教学细节。其目的在于以具体的课为研究对象，展现课的教学实际场景，以便对课堂教学进行改进、优化。实际上，课例研究不只着眼于对具体的课的教学改进，它是一种通过解决课堂教学问题发展教师的教学能力的循环式教学研究。

从理论上讲，参加课例研究的教师在真实、自然的教学情境中观察和改进教学行为，依据课例与同伴开展平等、民主的对话、协商等互动活动，通过集体研讨与独立思考，不断寻找自身与他人的差距，寻找设计与现实的差距，跨越最近发展区，实现理念更新与行为更新，以及知识的内化、外显和意会来改进自己的教学、增长自身的实践智慧。课例研究是一种融合教学实践、心智活动、知识与技能、人际关系、支持合作性研究的工具等要素形成的复杂教师学习体。教师是具有知识、经验的成人学习者，教师的专业学习往往表现为基于问题解决的体验式学习。在学习与研讨过程中，教师希望自己的经验得到尊重和认可，同时也期望自己能够在与同伴交流和互动的过程中获得新的认知。

课例研究的动力主要来自学校的实际教学需要，具有很强的情境性与独特性。课例研究把教学过程中的各个环节紧密结合起来，促进学生的有效学习，促进教学、学习共同体的构建，既关注教师的职业技能发展，又重视学生的学习效果，是一种重要的行动研究方法，在中小学教师的教学、教研中发挥着重要的作用。

中小学海洋教育教学课例研究宜以"专家引领，同伴互助，共同提高"的方式来进行。这种课例研究流程分为确定研究主题和目标、选择典型课例、查阅与分析文献、集体备课和研讨、实践和反思、总结和分享。

确定研究主题和目标：确定本次海洋教育教学课例研究的主题和目标。例如，可以针对海洋经济、海洋资源、海洋科技、海洋文化、海洋权益等不同领域进行主题划分，或者针对不同年级、同一年级不同层次的学生进行目标设定。

选择典型课例：根据研究主题和目标，选择具有代表性的海洋教育教学典型课例。这些课例可以是已经存在并引起良好反响和广泛关注的课例，也可以是根据实际情况重新优化设计的课例。

查阅与分析文献：查阅、分析与课例有关的文献资料，寻求课例研究的理论支持，了解他人的研究成果，吸取他人的经验。

集体备课和研讨：组织教师进行集体备课和研讨，共同研究和分析课例，挖掘海洋教育各领域的核心价值，探讨教育过程和方法，创新设计教学方案。

实践和反思：在实践过程中，要依据对课例的研究分析，对自身教学方案进行不断的反思和调整，关注学生的学习状态和反馈，及时发现问题并进行改进。

总结和分享：活动结束后，要及时总结和分享典型课例研究成果和经验并撰写报告，推广优秀的教学方法和教学策略，不断提升整个教师团队的海洋教育教学水平。

（三）以教学反思为导向的海洋教育教学研究模式

著名哲学家黑格尔认为，反思是一种事后思维，它更倾向于跟随在事实后面的反复思考，其主要任务就是通过现象把握事物的本质。反思就是对自己的思想、感受的思考，对自己体验过的东西的理解或描述，从本质上来说就是一种批判性思维。

教学反思是指教师对自己的教学决策、教学行为以及由此产生的结果进行审视和分析的过程；其目的一是肯定所取得的成绩，二是发现存在的问题并予以解决，以提高教学决策水平、完善教学行为。按教学的进程，教师的教学反思可分为教学前、教学中、教学后三个阶段。

其中，教学前的反思是一种具有前瞻性的反思，指的是凭借积累的教学经验对新的教学活动进行的批判性分析和所做的预测；教学中的反思是一种调控性反思，指的是对教学过程中发生的问题的及时发现、及时反思、迅速调控；教学后的反思是一种回顾性反思，指的是在某一教学活动结束后，在一定的理念指导下通过回顾、发现和分析教学过程中存在的问题所进行的理性总结和提升。有效的教学反思可以帮助教师将教育教学理论与实践经验统合起来并进一步内化，切实提升教师的教育教学水平。

以教学反思为基础的教学研究指的是以教学反思为前提，以解决问题为内驱力，经历"实践—反思—再实践—再反思"过程，对教学活动形成比较深刻的认识和理解的教研活动。

以教学反思为基础的教学研究有多种多样的模式。例如，"三实践两反思"模式："上课—反思—再上课—再反思—再上课"，同时进行课程展示及团队的教学研讨；"两实践三反思"模式，以教案修改为第一次反思，以试讲课为第一次实践，以课堂观察为第二次反思，以再次讲课为第二次实践，以再次课堂观察为第三次反思，同时邀请有关专家指导，提高教师的课堂教学设计能力以及备课和上课水平。

海洋教育教师进行以教学反思为基础的教育教学研究，要注意以下几点。

一是实施"针对性"反思。根据中小学海洋教育的任务，结合中小学海洋教育的特点，每一次教育教学反思都要有针对性地反思教育教学过程中海洋情境的创设是否有利于学生发现并提出要解决的真实海洋问题，海洋知识与学科知识是否有机结合，海洋知识的教学是否有利于学生学习与发扬海洋精神、增强海洋意识、培养和发展海洋素养，在教育教学过程中学生的主体作用发挥得如何，所选择的教育教学方法是否得当等。

二是注重"系统化"反思。海洋教育教学是一个系统工程，由若干的子系统组成，有着内在的发展规律，因而只有从系统的角度反思每一次海洋教育教学活动，才能整体提高海洋教育教学能力。据此，应把每一次海洋教育教学放在整个海洋教育教学的大框架内反思，而不局限于一次海洋教育教学或一个教育教学片段，做到反思"系统化"。

三是强化"重实践"反思。首先，海洋教育具有很强的实践性，要强化对于海洋教育实践性特征体现情况的反思，避免使海洋教育教学成为"纸上谈兵"。其次，海洋教育教学反思要上升到一定的理论高度，但最终还是要落实到海洋教育教学实践。因而，反思要面向海洋教育教学实际，真正把反思看作改进自己的教学实践，更好、更有效率、更富创见地提高教育教学质量的"工具"。

四是促进"发展性"反思。所谓"发展性"反思强调的是通过总结分析已有经验来促进未来发展。没有反思的经验是狭隘的经验，至多只能形成肤浅的知识。只有经过反思，教师的经验方能上升到一定的高度，并对后继发展产生影响。因此，海洋教育教学反思要注重 "发展性"，立足于促进海洋教育教师的专业发展。

（四）以专业发展为引领的海洋教育教学研究模式

教育教学研究是推动教师专业发展的重要途径，是以教师为本解决教师实际需求的重要手段。

传统的教师发展模式通常是使教师离开教学环境去校外参加培训，强调向教师传授理论、训练行为，是一种自上而下的教师培养方式，其一大缺点是忽视了教师学习的情境性。建构主义理论认为，对教师的教育不再是向教师传输知识，而是为建构性的教师学习提供良好的学习环境。由此，教师的教育和发展开始关注教师发展的环境，走向校本化、终身化、合作化和实践化，教师专业学习共同体应运而生。

专业学习共同体是教师实现专业发展的重要组织形式和有效途径。专业学习共同体的核心是"学习"，其结果是教师集体的持续专业发展，其最终目标是促进学生的学习与发展。教师的学习融于工作中，其学习方式便是团体协作，进行教育教学研究。

专业学习共同体视角下的教育教学研究强调终身学习和同伴互助，倡导在教育教学研究的基础上，将教师个人发展与学习共同体发展相结合，最终实现教师发展。专业学习共同体的活动包括教师通过参加培训、讲座等形式进行个人进修，并在集体交流中将成果与同事分享；教师共同备课，相互观课、评课，实现个人实践的共享；教师在教学实践中的行动研究与教师集体的协作研究相结合。在这个过程中，要做到"教、学、研、管"协调一致。"教"就是以满足教师专业发展、教学能力提高的需求为目的，以教育教学实践中的薄弱环节为突破口，有针对性地开展教育教学研究。"学"就是针对教育教学实践中存在的突出问题及教师专业发展需求，提出培训、交流、学习和研究的内容和形式。"研"就是围绕教育教学实际以及教师的困惑和专业发展需求开展多种形式的教育教学研究活动。"管"就是建立教育教学研究管理的相关机制。

专业学习共同体注重问题解决式教育教学研究。

一是寻找问题，明确对策，包括深入调研、寻找问题，确立个案、分析问题，制订计划、明确对策。

二是针对问题，集体教研。从教师教育教学中的具体困惑、疑问入手挖掘问题，并组织交流研讨，达到同伴互助学习，交流，提高教学水平的目的，从而实现对教师个体问题的解决。对教师的共性问题总结归纳后，形成研究专题，聘请专家以专题培训、讲座的方式，突破难点，解决教师的共同问题。

三是深入实践，亲身体验。课堂教学实践是最重要的教育教学研究方式。在解决有关问题的基础上，教师要通过教学实践亲身体验，感受教育教学研究成果的作用，通过教学实践促进专业发展。

（五）以"研教双循环"为依托的海洋教育教学研究模式

以"研教双循环"为依托的教育教学研究模式是指通过研、教结合，实现教学理论研究和实践研究两种取向的双向循环，促进教师对实践教学的深度反思和对有关理论的深入研究，以研促教，以教拓研，充分发挥教学研究对教学实践的指导与促进作用，同时通过教学实践为教学研究提供素材与思路，从而促进教师专业发展，不断提升教师教研能力的教育教学研究模式。

海洋教育教学研究与海洋教育教学实践之间存在相辅相成、互为依托的内在逻辑关系。海洋教育教学研究是海洋教育教学实践的重要支撑，没有海洋教育教学研究支撑的海洋教育教学实践往往缺乏科学性、合理性和系统性，难以全面完成海洋教育的任务和达成海洋教育教学的目标。教学研究能力较强的海洋教育教师，能够更深刻地理解海洋教育内容的要求，运用科学的教育教学方法，组织高质量的海洋教育教学活动，全面、有效地培养和发展学生的海洋素养。有良好教学研究习惯和能力的海洋教育教师，可以将自己在海洋教育教学研究过程形成的成果融入教育教学过程中，促进海洋教育教学水平的提升。海洋教育教学实践为海洋教育教学研究提供了重要的课题资源和丰富的研究素材，使海洋教育教学研究有了明确的方向和坚实的基础。教师在海洋教育教学实践过程中的课前备课、课中讲授、课后评价等环节，根据学生的学习状态和学习信息反馈，能够发现更多的海洋教育教学研究方面的空白与不足，从而形成研究思路，拓展海洋教育教学研究的空间。因此，"研教双循环"模式是推进海洋教育教学相长、教研共进的有效路径。

主题式海洋教育教学研究能够提升海洋教育教学研究与海洋教育教学实践的匹配度和适应性。海洋教育教师根据教学实践过程中存在的实际问题，有目的地开展海洋教育教学研究活动，能够确保教学研究有效地指导教学实践；海洋教育教学实践又为检验与拓展海洋教育教学研究成果提供重要依据，从而充分发挥"研教双循环"模式的作用，真正促进海洋教育教师的专业发展和教研能力的提升。

在以"研教双循环"为依托的海洋教育教学研究中，海洋教育教师首先要针对教学实践筛选提炼有研究价值的问题，确立海洋教育教学研究主题；接下来，要针对海洋教育教学研究主题进行海洋教育教学研究设计，并研究探讨有效的实施方案；最后，要进行研究成果的实践检验与反思，分析教研成果的应用效果并进一步优化教研成果，充分发挥以"研教双循环"为依托的海洋教育教学研究的作用。

以"研教双循环"为依托的海洋教育教学研究中的课题主要是一些小课题。所谓小课题，指的是从教情、学情、校情出发由教师个人或教研组确立、研究的，直接服务于教育教学实践的应用性课题。小课题与大的"规划课题"不同，具有以下特点。

针对性强。小课题研究源自教师改进教学的需要，在日常教育教学中开展，直接指向教师的日常教育教学实践。

内容具体。小课题研究着眼于日常教育教学中教师所产生的困惑和所遇到的问题，研究的范围小，研究对象集中。

便于操作。教师只要具有教育科研意识和基本的教育科研知识，善于通过对日常教育教学过程的观察与思考发现问题、提出问题，都能进行小课题研究；相较于"规划课题"，小课题研究在课题立项、研究设计、研究步骤、课题总结等方面简单、灵活，可操作性强。

见效较快。小课题研究以解决教师在教育教学中的困惑和问题从而使教学得以改进为目标，研究周期较短，研究成果可立即应用到教学实践中去。

为了有效地开展小课题研究，教师需要注意以下问题。

一是掌握小课题研究程序。小课题研究是一种教育科学研究，尽管比"规划课题"研究简单，但也必须遵循课题研究的程序。课题研究的基本程序为选题（一般思路是发现问题—查找资料—分析问题—确定课题，问题可来自教育教学的问题及困惑、教师之间的切磋与交流、学生在学习中的反映、对教育教学工作的总结等，课题的确立要对课题的目的与意义、课题研究的主要内容、课题研究的方法与手段、与之相关的研究成果等进行论证），开题（提供开题报告，包括课题的理论依据、课题研究的内容、课题研究的步骤、课题研究成果形式，在论证的基础上修改开题报告），实施（制订实施方案、搜集相关文献资料、制订并实施阶段研究计划、做好研究资料的积累、开会交流研讨、组织阶段性检查），结题（提交结题报告、组织结题论证、进行成果展示）。

二是提高科研意识和科研能力。强烈的科研意识是开展小课题研究的根本动力。教师科研意识越强，进行小课题研究的积极性就会越高，就会利用对教育教学过程的观察与反思，发现问题进而提出研究课题。科研能力是课题研究顺利进行的重要保障。为了提高科研能力，教师应加强学习教育理论，提高理论修养水平，掌握科学的研究方法，为开展小课题研究打下良好基础。

三是强化反思。反思在一定程度上意味着进步。教师的自我反思是教师以自己的教育教学行为为思考对象，用批判和审视的眼光对自己的教育教学理念、教育教学行为等进行自我回顾和分析的过程，目的在于探索和解决教育教学过程中存在的问题，推动教学创新。有了反思，教师才能发现问题、确立课题，才能推进小课题研究沿着"研究—反思—研究"的不断循环过程深入发展。

四是善于合作。小课题研究通常需要通过集体努力才能取得圆满的结果，这离不开教师之间的相互支持和密切合作，因而开展小课题研究的教师必须增强合作意识、发扬互助精神，大家齐心协力，实现小课题研究的目标。小课题研究共同体中同伴互助的方式主要是专业对话、协作攻关。专业对话是指同伴通过信息交换、经验共享、专题讨论等对课题研究涉及的各种问题进行交流切磋、思维碰撞、共同探讨，通过互动将公共认知转化为个人认知，将个人难题转化为公共难题并寻求解决策略。协作公关是指同伴共同承担责任，各自发挥自身优势，齐心协力实施课题研究方案，克服各种困难，完成课题研究任务。

五是重视专业引领。课题研究专业性强，需要专业引领。专业引领包括专业理论引领、骨干教师引领、先进经验引领和专业人员引领等。专业理论引领指的是教师自觉主动学习教育教学理论，用科学理论指导课题研究。骨干教师引领是指在课题研究中骨干教师的引领作用，这种作用主要体现为榜样力量和研究示范上。先进经验引领是指学习与借鉴成功的、典型的教育教学经验，可以通过考察、观摩、走访、调研及阅读文献等方法获得先进经验。专业人员引领是指对教育教学有专门研究和深刻实践的人员（如研究型的优秀教师、教学研究人员、教育科研人员、高等院校的专家学者）的引领，可以通过学术专题报告、理论学习辅导、教学现场指导、专业咨询（座谈）等方式实现。

（六）以现代网络为平台的海洋教育教学研究模式

在信息技术的强力支持下，以现代网络为平台的教育教学研究模式具备便捷、高效、成本低等特点，可以免于时间、空间和学科的束缚，在日常教学教研中发挥重要作用。

以现代网络为平台的海洋教育教学研究主要包括以下形式。

网上课例研究。教师将自己的教育教学设计、教育教学实录等上传到网上，在校内或更大范围内与同行进行讨论和交流。不同区域和不同学校还可以利用网络组织对同一类教育教学活动课例的研究，促进课例研究的深化。

网上听课评课。在网上组织校内、不同学校甚至不同区域的教师上课、听课，听课后通过网络进行广泛评论并形成共识，以进一步改进教学。

网上专题讨论。主持人在网络上针对教育教学中面临的普遍问题提出讨论的主题，参与的教师分头搜集资料并结合自己的经验准备发言稿，在同一时间在线交流，并请专家指导。

网上即时交流。一是教师可以将教育教学中所遇到的问题发到网上，向教育教学专家和同行请教，使问题及时得以解决；二是教师可以将自己的教育教学的经验、体会发到网上，供大家分享。

网上课题研究。对于教育教学中普遍存在的、有探讨价值的问题可设置课题，在网上组织跨学校、跨区域的课题组进行研究。

需要注意的是，以现代网络为平台的海洋教育教学研究要将网上教学研究与网下教学研究紧密结合起来，做到"网下（发现教育教学实践中的问题）—网上（查找相关资料等）—网下（设计与实施解决问题的方案）—网上（将实施情况上传，进行交流讨论）—网下（进行反思，改进教学）"。只有这样，才能充分发挥网上和网下的各自优势，共同推进教育教学研究深入发展。

三、海洋教育教学研究的有关策略

（一）找准问题、明确主题是教学研究的基础和起点

要想成功地开展教学研究，找准要解决的问题、明确要研究的主题十分重要。发现教学实践中教师存在的困惑和遇到的问题并转化为明确的研究主题，是教学研究的基础和起点，从根本上决定着教学研究能否沿着正确的方向顺利开展。学生对于海洋认识和学习的动机与学习所取得的成效取决于教师能否满足他们对于学习的渴望和对于情感培养的需求，求知欲望和情感需求共同制约着他们的学习态度和学习方式。同样，只有消除教师在教学实践中产生的困惑，解决他们在教学实践中遇到的问题，满足他们专业发展的需求，才能激发出他们主动参与教学研究和实践的内在动机和强烈欲望，才能让他们感受和体验到获得专业发展、提升教研能力的乐趣。因此，要想使教学研究取得实效，所研究的问题必须真正来自教师的教学实践，来自他们的亲身体验。为此，在组织教学研究之前，要通过观察、调查，寻找教学实践中普遍存在的问题，经过认真研究将问题转换成明确的教学研究主题。

（二）自始至终确保参研教师的主体地位是教学研究顺利开展的保证

教师是教学研究的主体，要想使教学研究顺利开展并取得成效，作为主体的教师必须处于主动的、能动的、积极的状态。为此，从发现问题和提出问题这一环节开始，就应发挥参研教师在教研中的主体作用，而不是到了通过教学研究解决问题时才将参研教师看作教研主体；要确保教学研究的主题是由参研教师共同确定的，即以参研教师迫切需要解决的教学困惑和实际问题为基础形成的。只有这样，参研教师才能清楚地知道开展教学研究的原

因，教学研究要达到什么目的，从而由"要我参加教学研究"转变为"我要参加教学研究"，充分发挥参与教学研究的积极性、主动性；才能做好教学研究前的准备工作，以便深度投入教学研究，使教学研究顺利开展并取得丰硕成果。

（三）根据实际需要选择适宜的教学研究方式是教学研究取得成效的关键

教学研究内容与教学研究形式是相辅相成的。再好的教学研究内容，没有与之匹配的适宜教学研究方式来呈现，也只能事倍功半甚至毫无成效。教学研究方式是为教学研究目的服务的。选择什么样的教学研究方式取决于教学研究的内容。根据教学研究的目的，通过权衡利弊在众多教学研究方式中选出的方式，应有利于参研教师有效地发挥在教研教学研究中的主体作用，有针对性地解决教学实践问题。

教学研究是由许多环节组成的系列活动，在教学研究过程中必须做到各个环节自然衔接、环环相扣，使整个进程不急促、不拖拉，做到有条不紊地进行，才能保证教学研究顺利地达成预定的目标。

（四）做好每次教学研究的总结和反思是教学研究可持续的关键

要想使教学研究可持续地开展下去，就要对每一次教学研究进行认真的总结与反思，总结成功的经验，反思存在的问题，为下一次教学研究的开展筑牢基础。不仅组织者要做每次教学研究的总结和反思，每一个参研教师也要做每次教学研究的总结和反思，并做到各抒己见、畅所欲言。这样，才能从不同的视角审视教学研究，群策群力，集思广益，使总结与反思全面、深刻，具有强有力的指导作用。

主要参考文献

1. 谢亚宏，毕梦瀛，沈小晓. 共同推动海洋可持续发展［N］. 人民日报，2022-07-19（018）.

2. 李飓. 构建现代海洋教育体系的对策建议［J］. 探求，2016（4）：111-115.

3. 余佳. 关联性思维的最基本形式：阴阳对偶［J］. 华东师范大学学报（哲学社会科学版），2011，43（1）：9-15，150.

4. 马仁锋，龚千千，林秋伶，等. 国民素养视角海洋文化的知识体系及其教育实施策略［J］. 航海教育研究，2022，39（1）：9-15.

5. 王琪. 关于海洋价值的理性思考［J］. 中国海洋大学学报（社会科学版），2004（5）：10-14.

6. 张明，孙悦民. 海洋价值观的历史演进及发展趋势［J］. 海洋信息，2014（3）：49-53.

7. 刘训华，胡小娟. 海洋教育评价的逻辑理路与指标体系［J］. 宁波大学学报（教育科学版），2020，42（3）：12-22.

8. 王炳明. 海洋教育学科发展的几点思考［J］. 宁波大学学报（教育科学版），2019，41（4）：7-11.

9. 宁波，郭新丽. 海洋教育重在传习海洋思维［J］. 宁波大学学报（教育科学版），2021，43（2）：13-17.

10. 苑晶晶，吕永龙，贺桂珍. 海洋可持续发展目标与海洋和滨海生态系统管理［J］. 生态学报，2017，37（24）：8139-8147.

11. 阮水芬. 海洋素养的质性评价研究［J］. 上海教育科研，2016（3）：93-95，77.

12. 白刚勋. 基于创新人才培养的海洋特色课程体系构建：以青岛第三十九中学为例［J］. 现代教育，2018（4）：14-15.

13. 程娜. 基于经济全球化视角的中国海洋文明与可持续发展研究［J］. 经济纵横，2014（12）：20-23.

14. 韩文琪. 基于情境学习理论的教师学习力培养［J］. 西部素质教育，2016，2（11）：30，40.

15. 陈巍，陈国军，郁汉琪. 建构主义理论的项目式教学体系构建［J］. 实验室研究与探索，2018，37（2）：183-187，206.

16. 娄成武，王刚. 论当代中国海洋文化价值观［J］. 上海行政学院学报，2013，14（6）：17-24.

17. 王宇江，马莹. 论中小学海洋教育多学科课程融合的价值及路径选择［J］. 现代教育，2020（3）：24-26.

18. 叶龙. 全球海洋教育的发展新路径与趋势：走向海洋文化教育［J］. 现代教育科学，2019（8）：1-7.

19. 王书明，胡琳. 人海关系的历史发展阶段［J］. 中国海洋社会学研究，2019（7）：27-35.

20. 崔允漷，郭洪瑞. 试论我国学科课程标准在新课程时期的发展［J］. 全球教育展望，2021，50（9）：3-14.

21. 王文涛. 推动海洋可持续发展的价值和路径：写在2020年生物多样性国际日［J］. 可持续发展经济导刊，2020（6）：23-25.

22. 张景全. 为建设海洋命运共同体提供理论支撑：海洋政治学理论构建初探［J］. 人民论坛，2020（21）：101-104.

23. 徐朝挺. 现代海洋教育内容体系建构与区域推进策略［J］. 上海教育科研，2016（3）：83-85.

24. 中国海洋大学海洋文化教育研究中心. 我们与海洋共成长（小学版）［M］. 青岛：中国海洋大学出版社，2023.

25. 刘彦喆. 以核心素养为导向的活动型课程评价［J］. 中学政治教学参考，2020（7）：51-53.

26. 胡素清. 以人海关系为核心的海洋观［J］. 浙江学刊，2015（1）：131-134.

27. 薛迎春. 中国的海洋文化：兼论海洋文明的"分享"［J］. 天水师范

学院学报，2015，35（3）：102-105.

28. 郝秀云. 中国海洋教育的进展［J］. 科教文汇（下旬刊），2018（9）：143-144.

29. 张纾舒. 中国海洋文化研究历程回顾与展望［J］. 中国海洋大学学报（社会科学版），2016（4）：32-41.

30. 刘玉仙，唐旋. 中华海洋精神及其时代价值研究［J］. 山西青年，2017（1）：31-32.

31. 张开城. 中华海洋精神及其现代价值［J］. 海洋世界，2016（11）：42-47.

32. 钟昌红，姚锐，陈力. 中小学海洋意识教育的探索与实践：以海南省为例［J］. 基础教育课程，2021（1）：19-25.

33. 李巍然，马勇. 面向未来人的海洋精神品质培养［J］. 宁波大学学报（教育科学版），2021，43（2）：2-5.

34. 杨虹，杨怀珍. 基于胜任力模型的培训体系研究［J］. 中国管理信息化，2009，12（17）：106-108.

35. 李国强. 关于中国海洋文化的理论思考［J］. 思想战线，2016，42（6）：27-33.

36. 范铮，曾淦宁，沈江南，等. 美国海洋教育对我国海洋教育强国的一些启示［J］. 现代物业（中旬刊），2013，12（12）：53-55.

37. 马明飞，李浙. 以海洋文化教育提升文化软实力［J］. 中华环境，2020（9）：24-27.

38. 刘加霞. 教师培训何以产生效果：培训促进教师专业发展的作用机制分析［J］. 中小学管理，2014（12）：30-33.

39. 陈甜. A机构培训教师胜任力提升研究［D］. 衡阳：南华大学，2022：11-17.

40. 王刚，吕建华. 论海洋伦理及其内涵［J］. 湖北社会科学，2007（7）：101-103.

41. 李晔，李哲，鲁铱，等. 基于长期绩效的中小学教师胜任力模型［J］. 教育研究与实验，2016（2）：74-78.

42. 吴继陆. 论海洋文化研究的内容、定位及视角［J］. 宁夏社会科学，2008（4）：126-130.

43. 项红霞. 创新校本培训模式 促进教师专业发展［C］. 2021 年课堂教学教育改革专题研讨会，2021.

44. 冯晓英，何春，宋佳欣，等. "互联网+"教师专业发展的实践模式、规律与原则：基于国内外核心期刊的系统性文献综述［J］. 开放教育研究，2022，28（6）：37-51.

45. 梁细芳. 建构"研训一体化"校本培训，促进教师专业发展［J］. 科学咨询/教育科研，2019（39）：67.

46. 熊英. 发展学生核心素养背景下的中学教师胜任力影响因素分析［J］. 教育理论与实践，2019，39（11）：33-35.

47. 王艳. 立足校本教研 促进教师专业发展［J］. 现代职业教育，2017（35）：274-275.

48. 姜绍辉，王晓军. 搭建校本培训平台促进教师专业发展的研究与实践［J］. 广东技术师范学院学报，2015，36（2）：122-125.

49. 杨瑞勋. 中小学教师专业发展的师徒制研究［D］. 天津：天津师范大学，2021：32-42.

50. 李红. 论中学教师小课题研究［D］. 郑州：河南大学，2014：11-45.

51. 王海涛，刘宗寅. 新时代中小学海洋教育研究与实践［M］. 济南：山东科学技术出版社，2024.